应对校园欺凌的"孙子兵法"
——案例分析与应对体系

穆岩 编著

SPM 南方出版传媒
广东科技出版社 | 全国优秀出版社
广　州

图书在版编目（CIP）数据

应对校园欺凌的"孙子兵法"：案例分析与应对体系/穆岩编著. —广州：广东科技出版社，2020.6
 ISBN 978-7-5359-7463-1

Ⅰ.①应… Ⅱ.①穆… Ⅲ.①校园—暴力行为—预防 Ⅳ.①G474

中国版本图书馆CIP数据核字（2020）第072525号

出 版 人：朱文清
选题策划：招海萍
责任编辑：招海萍
书籍设计：林少娟
责任校对：梁小帆　冯思婧
责任印制：林记松
出版发行：广东科技出版社
地　　址：广州市环市东路水荫路11号
邮政编码：510075
销售热线：020-37592148　37607413
http://www.gdstp.com.cn
E-mail: gdkjzbb@gdstp.com.cn（编务室）

应对校园欺凌的"孙子兵法"
——案例分析与应对体系

Yingdui Xiaoyuan Qiling De Sunzibingfa ——Anli Fenxi Yu Yingdui Tixi

经　销：广东新华发行集团股份有限公司
排　版：广州尚文数码科技有限公司
印　刷：广东海洋印刷有限公司
　　　　（佛山市南海区里水镇和桂工业园A区和安南路1号F栋1-2楼　邮编：528244）
规　格：787 mm×1 092 mm　1/16　印张12.5　字数240千
版　次：2020年6月第1版　2020年6月第1次印刷
定　价：38.00元

如发现因印装质量问题影响阅读，请与广东科技出版社印制室联系调换（电话：020-37607272）。

请读者朋友们先阅读正文第1页的"如何使用本书",根据自己的情况,快速找到适合自己阅读的内容。

小学生和初中生可以跳过前面两部分的论述,直接阅读第三部分开始的具体指导。

前　言

电影《少年的你》在2019年冬天热映,校园欺凌问题也因此再度引起人们热议。

我还记得第一次面对面和一位校园欺凌的亲历者交谈,那个初二的孩子用一种平静淡然的语调,面无表情地对我说:"老师,我成绩不好是因为上课完全听不懂。老师说很多东西小学就教过。但我一点印象都没有,因为小学对我而言就是一片黑色。"我当时原本计划的访谈是要了解数学学科的困扰,没有想到校园欺凌这个隐藏的怪兽就这么冒了出来。好在引导孩子倾诉之后,了解到曾经的欺凌者已经不在同一个学校。而后在学科老师、班主任和德育主任的共同配合之下,帮助这位同学重新梳理学科基础知识,调整了学习方法,在帮助他恢复自信心之后,一定程度上纾解了校园欺凌留下的阴影。

学生在校的学业成就常常受到负面情绪问题的干扰,比如考试焦虑、厌烦上学这两种心理状况就很普遍,还会有严重到抑郁、自伤等状况。这

前 言

些学生的心理困扰，一部分与校园欺凌有关。

在接触这些案例的过程中，我对于校园欺凌这个问题的关注在不断上升。因为有三点认识，持续地给我震撼。

第一，校园欺凌并不会因为成绩高低或者家庭经济条件好坏而有任何区别对待，任何人都有可能遭遇到。曾经有一个高中在海外留学的学生，放寒假回国时因为她感觉总是停不下来去买化妆品而主动寻求心理咨询。她家庭经济条件很好，妈妈在国外陪读，对于买东西几乎是有求必应。但是她自己其实根本不喜欢化妆，只是一停下来不买就总觉得心里发慌，她想摆脱这种买了无聊不买发慌的心理困境。而在咨询过程中发现，她选择高中出国，恰恰就和遭遇校园欺凌有关。她原来初中时在国内的一所重点学校就读，本来都准备参加中考了，但是备考阶段本身由于压力较大遭遇了比较严重的焦虑情绪困扰，失眠很严重，而她在宿舍失眠的时候，又有同学认为她干扰了其他人的睡眠而批评她，而且还嘲笑她说她睡不着所以整个脸都浮肿了显得很圆。这段经历使得她放弃了考国内高中，直接出国读书了。可是在她出国后，和原来的同学微信聊天时，他们又会半羡慕半挑衅地说自己在国内作业多么多么难，而她现在出了国课程多么多么简单，甚至有人发朋友圈问"外国的月亮圆不圆？"配上她的脸的照片。这些看似是"玩笑"，虽然她自己理智上也认为这些是"调侃"，不要小题大做，但是这些事在情感层面，在无意识层面仍然对她产生了持续的影响。所谓的强迫症式的买化妆品成瘾，其实关键在于买了之后要发微信朋友圈让那些国内的同学看到。她是在通过这种重复性的行为来回应那些阴阳怪气的评价和关于脸圆的嘲讽。如果不看到背后的校园欺凌的因素，单纯聚焦到重复购买的话，其实根本就无法把握这个孩子面对的真实心理困扰，也就无法真正帮助她进行心理疏导。

第二，并不是只有那些上了新闻的涉及严重暴力行为的事件才叫做校园欺凌，更多人遭遇的欺凌其实本身看起来都是一些并没有直接伤害身体只是心里不舒服的"小事"，但就是这些小事中蕴含的恶意给孩子们甚至是家长带来了深远而且持续的心理影响。曾经有一次我受广州市教育局的委托，参加对口支援一个内陆山区教育系统的培训工作。当时我特别就影响成绩的心理困扰中涉及校园欺凌的情况和接受培训的老师、校长们做了分享，然后激起了非常热烈的讨论。有老师跟我分享，在一些山区学校，学生以留守儿童为主，很多人缺乏家庭温暖和管教，会出现很多传统意义上的纪律问题，包括打斗之类的，如果只是一般的打斗，被打的学生一般很快就恢复了精神。可是有一种特别让人心里难受的"恶作剧"，就是先假装说："你爸爸给我爷爷打电话了，让你怎样怎样"交代得非常细致，然后再当众大喊，骗你的！这样的"恶作剧"通常都会在骗局揭开之后以一场非常激烈的打斗被老师知晓。而且打斗的双方都会闷闷不乐、精神低沉好几天。在这个例子里，不管是骗人的还是被骗的孩子，其实心里都不会好受。被骗的孩子好不容易盼到父母打来电话关心自己，但却发现是个骗局，自然心里难过。而且更加可恶的是，这种恶作剧会打击他心中对父母来电话的期盼，让他心里本来美好的希望染上了一丝灰色的担忧，这才是更持久的负面影响之所在。而对于骗人的孩子来说，他能够知道这样的恶作剧会让对方难受，不是恰恰说明他知道父母来电话的重要和那一丝期待的宝贵吗？而他编造的对方父母的谆谆叮嘱，又有多少是反向投射，是他自己期待父母对自己说的话呢？这些事例中的心灵攻击相对微妙复杂，不像那些上了新闻的欺凌事件中扇耳光、拳打脚踢那么直观，但是这些看似轻度的欺凌其实更普遍，而且对人的影响可能更持久。

　　第三，不论学校的整体教学水平高不高，教学资源丰富不丰富，学生管理水平精细不精细，校园欺凌事件都有可能发生，而且可能远远超越学校一般处理的能力。 曾经有一个家长哭着给我打电话，上来就说，我小孩被人欺负了，现在不想上学，要转学，您觉得是不是合适。那个学生在一个一线都市的重点中学，正在上高三。当时是3月底，离高考只有两个月左右了，正是关键的复习冲刺阶段。孩子一直很优秀，在班级里担任班长。而她所在班级里，有几个学生和某些科目的老师因为种种原因对抗得很厉害，经常不交作业，上课时也会用各种方式挑衅。在高三秋季学期刚开始的时候，这几个学生大概是画了一幅漫画，内容是批评某位科任老师说话口音重讲题不清晰，而她作为班长发现了这件事之后，报告给了班主任，导致这几个学生被公开批

前 言

评,从此那几个学生就和这位班长结了怨,说她是告密者,认为她"站在老师一边,不为学生利益发声,只听老师的,不顾及其他同学的学习需要"。本来这件事当时并没有给这位班长带来太大困扰,但围绕这个事情断断续续一直有口角。特别是后来在复习期间,又出现不少针对考试内容、复习进度等问题的不同看法。于是关于谁是老师一边的,谁是学生一边的,这样的争吵一直在学生的微信、QQ等平台上延续,特别是寒假中又有一个小高峰。等到了春季一开学,这位班长同学突然从别的班同学那里听说,有一些微信群、QQ群聊天以及朋友圈、微博的截图在流传,上面显示她说了很多对学校、老师非常不满的话,用语也很粗俗。她想办法拿到那些截图,结果发现这些都是移花接木刻意做出来的,把她自己说的话打散了重新组合,抹去上下文,看起来真的像是她在带头煽动对学校、老师的恶意攻击,而且有一些暗示性的对比,让她自己说的话彼此矛盾,看起来是一个表里不一的伪君子,涉及自己的成绩就很在意,但是却刻意地不希望别人复习好,甚至希望别人的高考成绩都更差一点。这时,委屈、震惊、惊慌一下子把这位班长同学击垮了。虽然跟老师解释后老师完全相信她,但是老师也无法进一步干预。那几个一直有跟她争吵的同学都信誓旦旦说不是自己做的,而且他们也说之前因为争吵的内容涉及考卷难不难、进度快不快这些全年级的事情,他们曾经把微信群里对立的观点截图传播给其他班的同学,有可能是别的班有人在针对这位"老师代言人"的班长同学。这样复杂的网络事件,一时半会查不清,而且最后复习的两个月,老师和各位同学都抽不出那么多时间细致梳理追查这件事,结果就一直不知道是谁在恶意造谣。最恐怖的是,之前的截图上还有预告说未来高考前一个月还会有一波图在某某微博账号公布,请大家留意一起"揭穿某某的假面具"。我当时间清楚这些情况之后,特别是后来看到那些截图之后,真的是感到毛骨悚然。时间跨度持续整个高三一年,细致地收集各个网络平台的资料,精巧地组合对比,制作出攻击材料之后,还专门挑选好发布的时机,等到高考前最后两个月一波一波地发布。这究竟是多大的怨恨啊。我当时给家长建议,转学来不及了,但是也不要再逼孩子回原来的学校班级复习了,在家复习或者到我们大学来自主复习,我来帮忙找些大学生志愿者陪伴指导，最后两个月的复习效果也不会差，甚至可以肯定地说会比在学校更好。而且在高考后，建议她对自己的社交网络账户清零，重建新的账户，保护好自己的身份隐私。采取这种程度的措施，是因为一个更大的担忧，当时只敢跟她的父母说，那就是这个程度的系统化的网络欺凌行为，确实不太像是一个班同学之间的争议，而是更像有人刻意盯着这位班长同学，近乎英文里的stalking，跟踪、骚扰、病态的痴迷。其实在这个事例中，当事人群体的年龄、智商、阅历和能力都已经远远超越通常意义的"孩子"，这已经不是一个一般的校园欺凌事件了，而是有可能掺杂了偏执等心理异常的因素。最值得注意的是，在校园欺凌事件中，如果有人自认为是正义的一方，是为了某个有道理的立场而去攻击别人的话，那么这种攻击和欺凌很可能在严重程度上快速升级。

基于以上三个认识，我认为在应对校园欺凌的过程中，我们需要一些更充分的准备。每个人都应该掌握一套应对校园欺凌的心理应急预案；这些预案应该针对心理情感受到的伤害如何平复疏导来设计；每个学校都应该专门针对校园欺凌做好预防、教育以及应急处理的政策储备。

梳理现有的校园欺凌书籍资料，我认为以上这三点需要做的准备目前还非常薄弱，甚至是背道而驰。很多校园欺凌指导书籍，多选用报纸、新闻的公开事例进行说明。但是新闻报道的案例通常都是非常严重的、直观的暴力行为，用来做教学案例可能反而给学生一种暗示：他们日常更经常碰到的那些言语攻击、排挤等隐性欺凌，都属于"小事"。这些新闻报道的案例往往缺乏对当事人细微的内心感受的细致描述，也缺乏对欺凌事件的后续处理的说明，这样的案例所能起到的所谓"警示"作用，其实是不容易深入学生心灵的。

此外，目前的校园欺凌应对指导，提供的往往是碎片化的建议，缺乏整体的系统性，特别是缺少治未病的预防部分。不论是个人的应对，还是老师的应对，特别是学校层级的应对，都缺乏一个思路清晰的方法论指导。诚然，校园欺凌现象比较复杂，

前言

类型很多,但是我们不能因为这个现象复杂就放弃预防,等它爆发出来再去处理。这样被动应付实质上就等于不作为。口号喊得震天响"对校园欺凌说不!",但没有具体政策、处理流程和应对预案,那就完全流于形式了。

由于以上这些思考,因此才专门写作本书,希望为学生、家长、老师和学校提供一个有系统的逐级应对的方法论,关注激发内心的力量修复情感的创伤,以一些平淡的案例让人们了解这些小事对人们长期的伤害,同时又引导人们了解走出校园欺凌伤害阴影的实例。希望这本书能够给受到校园欺凌困扰的人们一些希望。

穆岩
2020 年 4 月

目录

应对校园欺凌的"孙子兵法"

如何使用本书 / 1

借鉴孙子兵法智慧构建应对校园欺凌的系统方法论 / 5
    校园欺凌涉及复杂的人际关系 / 6
    解决复杂的欺凌问题需要有系统方法论化繁为简 / 8
    将问题解决咨询的流程与《孙子兵法》的哲学体系相互结合 / 10
    《孙子兵法》前六篇蕴含的解决问题的框架 / 11
    借鉴《孙子兵法》形成的校园欺凌应对方法论的特点 / 14

始计篇——做好思想动员，建立原则框架 / 15
    认清校园欺凌的危害，统一共识 / 16
    反对校园欺凌要关注不平等的权力关系 / 30

作战篇——深度剖析现象，设定具体目标 / 41
    从多个角度理解校园欺凌事件 / 42
    校园欺凌中的受害者、欺凌者以及旁观者这些角色有什么心理特点？ / 59

谋攻篇——聚焦具体事件，完善行动机制 / 75

  第一次碰到校园欺凌怎么办？/ 76

  又一次碰到校园欺凌怎么办？/ 89

军形篇——增强自身实力，开展培训学习 / 107

  通过培训学习，提升情绪调节能力 / 108

  通过培训学习，提升沟通与社交技巧 / 120

兵势篇——合理分配资源，确定主次策略 / 139

  创造多种回应策略 / 140

  创造多领域的个人优势 / 154

虚实篇——创造主动时势，把握行动机会 / 169

  创造属于自己的积极高光时刻 / 170

  创造属于集体的善意和解时刻 / 178

应对校园欺凌的"孙子兵法"

如何使用本书

校园欺凌是一个复杂现象，每个人都有可能直接遭遇或者间接目睹。我们可能会成为校园欺凌的受害者，而感到痛苦压抑；也可能作为一名目睹了校园欺凌的旁观者，而产生怀疑或害怕；甚至还可能作为一名校园欺凌的实施者，内心被自大所蒙蔽或者被自责所惩罚。不论你以什么样的角色和校园欺凌发生关联，当你接触到、目睹到人与人之间的恶意和攻击，这些负面的行为都会给你带来更多负面情绪。这本书的目标就是为感到困扰的你提供一个系统化的思考和行动框架，以纾解内心的情感创伤为导向，帮助你采取具体的行动，激发内心的积极正能量，让你重新带着对善良和友爱的坚信寻回自我的平静与幸福。

本书的第一部分作为总体概述，介绍整本书的目标和结构，说明本书如何供学生、家长、老师和学校管理者使用。

本书第二部分则进行专题论述，说明如何将基于问题解决的咨询方法与应对复杂动态关系问题的孙子兵法哲学智慧相结合，构建一个从思想动员与宏观思考起步、确定目标、制定行动规范、增强自身实力、合理安排资源并把握应对时机的系统化方法论。

第三至第八部分依照上述解决问题的步骤体系，逐步推进。每一部分包含两个具体指导，每一个指导都包括了案例部分，以及分别针对学生、家长、老师和学校管理者的具体建议。

如果你自己曾经或者正在遭遇校园欺凌的困扰，你可以使用本书中介绍的针对学生个人的应对方法指导来判断自己所处的困境，设定摆脱困境的具体目标，权衡策略并采取具体行动让自己走出心理伤害，激发积极的内心力量。

如果你是一位家长，你可以使用本书中介绍的针对家长的指导方法来和自己的孩子预先沟通，直面校园欺凌这个问题，打好预防针，并且学会及时观察、适时介入，并在已经遭遇校园欺凌的时候掌握科学的引导方法。

如果你是一位老师，你可以使用本书中介绍的以班级为单位的教学指导，开展一系列与校园欺凌有关联的主题班会课或者班级活动，一步一步引导学生从认识校园欺凌的严重性和危害性，到理解校园欺凌中不同角色的心理特点，再到通过一系列社会情绪课程来提升学生们内在的情绪调节能力、共情能力、沟通能力和解决人际冲突的能力。这些环环相扣的课程与活动方案将帮助你在班级中预防校园欺凌的产生。

如果你是一位学校管理者，你可以使用本书中介绍的学校层级可以采取的措施建议，在本校内尚未发生校园欺凌的时候，做好全体教职工的思想动员和基础教育，让整个校园团队能够重视校园欺凌，然后制定全校级别的校园欺凌管理政策。在校内偶尔发生校园欺凌的时候，将每个校园欺凌的个案处理进行有效梳理，形成应对校园欺凌的行动流程机制，并开展社会情绪与人际交往领域的教育学习，加强每个学生应对校园欺凌的内心力量。在校内出现校园欺凌的频率与严重程度都较高的情况下，妥善处理这些暴露出来的校园欺凌事件，并选择适当的时机把反校园欺凌教育融入学年的日常教学安排中去，与学科结合起来，持续地改变校园文化，抑制校园欺凌产生的土壤。

本书中的案例部分取材于2019年至2020年间开展的一项关于校园欺凌的质性研究。通过问卷招募了51名自愿参与的受访者，他们都是曾经或正在亲历校园欺凌事件的，平均年龄21.6岁，大部分都是在中小学阶段经历校园欺凌，而在受访当时已经脱离了校园欺凌的旧环境，进入了大学或者已经开始工作。访谈以半结构化的方式展开，询问了校园欺凌的详细过程，包括具体事件、诱发因素、发展过程、持续时间等，了解当事人的心理感受和当时自己采取的应对措施，同时也了解当事人在时过境迁后到了现在当事人是否已经走出了校园欺凌的阴影以及如何走出阴影的过程。

考虑到希望将最原生态的普通人的案例提供给其他遭遇困扰的人们作为借鉴，因此在本书中，案例尽可能保持了访谈实录的形式，仅有涉及当事人身份隐私的信息被删除，以及部分可能会暴露当事人所在地点或学校等信息的内容有所删改，另有部分不适于未成年人阅读的语言经过了编辑修改，并补充了一些涉及心理状态变化的相关概念说明。案例的过程和事件有一定重组以便进一步保护当事人的隐私。这些案例乍看起来似乎平淡无奇，但是恰恰是在这些每个人都非常熟悉的日常生活中，隐藏着校园欺凌的魔影，摧残着很多人的心灵。

每个人都可以通过这些案例来寻找情感的共鸣，当你看到别人也曾经遭遇过类似的困扰时，你就可以尝试汲取案例中当事人的心灵力量，给自己鼓鼓劲，告诉自己现在的伤痛终将被时间抚平，只要激发出自己内心积极的力量，未来生活的幸福总是把握在自己手中。

家长、老师可以借鉴这些案例访谈中的问题提纲，学习这种半结构化的沟通模式，尝试全面细致地了解孩子所经历的校园欺凌事件，同时也引导孩子学会具体地分析和梳理自己遭遇的困境，以理性的思考超越情绪的纷乱，为解决校园欺凌问题做好准备。

应对校园欺凌的"孙子兵法"

借鉴孙子兵法智慧构建应对校园欺凌的系统方法论

校园欺凌涉及复杂的人际关系

校园欺凌是指以校园为背景的欺凌事件。而欺凌则是包含多种形式的有目的的攻击行为,具有一定的持续性和重复性,而且以欺凌者和受害者之间不对等的权力关系为显著特点。这个定义说明,欺凌只是所有攻击行为中的一小部分。如果涉及暴力打斗的双方并没有明显的优势与劣势之分,比如身体条件、社会地位、智力水平或者心理感受上双方都差不多,那么这种情况属于人际冲突或暴力,但不属于欺凌的范畴。因为在欺凌中,权力的不对等既是欺凌的目标,也是欺凌过程中的显著特征。

校园欺凌的复杂性在于它的具体行为表现非常多样化。

常见的校园欺凌包括以下几种类型:

1. 实体欺凌:包括打人、踢人、推搡、毁坏别人物品、偷窃别人物品等
2. 言语欺凌:包括起外号、威胁、恐吓等
3. 社交关系欺凌:包括传播谣言,联合他人漠视或排斥等
4. 网络欺凌:包括基于社交软件、电话或电子游戏等各种网络沟通渠道的欺凌行为

以上这些欺凌行为因为包含了权力不对等的特性,和传统意义上的同学间打架或闹矛盾完全不属于同一个概念。校园中打架等一般的人际冲突或者暴力行为,我们当然也要采取措施进行管理。大部分的校纪校规都对打架这类行为设定了明确的红线。然而应对欺凌行为,不能单纯地把它等同于打架、打闹、开玩笑或者同学间有矛盾。欺凌不仅仅是一个具体的行为,它还具有相当的复杂性。

首先,欺凌是一个涉及多个人、多种角色的社会人际关系行为。单独一个人何来欺凌之说,至少会牵涉两个人。而两个人之间的行动、关系都会有非常复杂的演变发展过程。而进一步导致校园欺凌复杂化的因素在于,除了欺凌者和受害者这两种角色以外,还存在人数更多的旁观者,这些旁观者会以直接或间接的形式对欺凌的发展过程产生影响,甚至有可能对受害者造成附加的额外伤害。

其次,校园欺凌的复杂性来源于事件中和事件前后多种关联角色和多条人际关系脉络。

在以往对校园欺凌的指导资料中,很多时候会把校园欺凌等同于欺凌者和受害者之间的问题。但其实由于校园生活、班级生活的群体特性,我们至少可以把学生分为以下

五种关联角色：

1. 欺凌者：主动对他人施加欺凌行为
2. 受害者：欺凌行为的目标受体
3. 旁观者：欺凌行为的见证者、知情者
4. 欺凌/受害者：既对他人施加欺凌行为，自己也是他人欺凌行为的受害者
5. 无关者：对欺凌行为完全不知情或不在现场

每种类型的关联角色都会和其他人形成人际关系，而每一组人际关系都会对欺凌事件中的当事人造成直接或间接的影响。因此，哪怕只是一次非常简单的A打了B这样的直白的欺凌事件，其实也可能在背后隐藏着多条复杂的人际关系线索。比如有没有人唆使A去打人？在B被打的当时有没有人在旁观而没有报告老师甚至帮助A刻意隐瞒此事？A打B之前以及之后，B做了什么？这些问题都代表着任何一个校园欺凌事件都不是孤立的事件，而是植根于一个复杂的人际网络之中。

第三，校园欺凌的复杂性来源于它随时间发展变化的动态性。

在欺凌者和受害者之间的直接欺凌事件中，欺凌行为往往会在一段时间里持续、反复地发生，有可能出现严重程度逐渐升级，比如从起外号升级到打人等。欺凌者采取的攻击行为，其目标并不仅仅限于攻击得手，而是更在乎把每一次欺凌行为体现出的权力不对等，固定到欺凌者和受害者之间的人际关系上，让受害者从内心接受这种权力不对等，而且是持久地接受这种低人一等的社交关系地位，也就是通俗说法中的"让他服了"。

欺凌者和受害者的动态关系发展还可能导致"欺凌者兼受害者"这样的角色出现。在遭遇欺凌之后，如果受害者选择以欺凌的方式进行报复，或者以欺凌他人的方式寻求心理平衡，那么这就会在动态变化中制造出循环震荡、不断恶化的冲突关系。

在欺凌者和旁观者的人际关系发展过程中，一个值得警惕的常见的动态变化过程就是，一个欺凌者采取的行动没有被及时发现和制止，于是旁观者被吸引，转化为更多的欺凌者。还有一种可能就是，旁观者在目睹了欺凌事件之后，由于担心害怕自己成为被欺凌的目标，于是不得不加入欺凌者一方，助纣为虐推波助澜。

在受害者与旁观者以及无关者的人际关系发展过程中，则有可能孕育着对抗欺凌事件的积极力量。如果受害者能够通过发展友谊结盟等社交技巧，改善自己和其他旁观者以及无关者的人际关系，那么就有可能获得足够的社会支持而对欺凌者形成遏制。

在整个班级和学校的群体关系中，欺凌事件也会表现出明显的动态发展过程。一方面，学生的年龄段不同，欺凌事件的特点会随着学生的身体发育和心理成熟而不断发生变化，表现出截然不同的特质。另一方面，欺凌事件可能会在学生群体中导致社会群体的出现以及小圈子的形成，并可能会对整个班级和学校的学风产生影响。

解决复杂的欺凌问题需要有系统方法论化繁为简

由于校园欺凌行为的多样性、关系的网络性和发展的动态性，在面对校园欺凌事件的时候，识别、理解、处理欺凌问题都需要整体化的系统化方法。

一系列关于校园欺凌的大型研究发现，如果在学校层面给所有学生提供社会情绪主题的教学培训，引导学生增加自身的共情能力，提高自身的情绪调节心理韧性，掌握解决人际冲突的多种策略和技巧，可以有效预防并减少校园欺凌事件的发生，比单纯的头痛医头脚痛医脚等待欺凌事件爆发之后再进行惩罚的方式要更加有效。这其实就是以一种治未病的思路，把校园当作一个有机整体，增强校园中每一个个体的社交情感能力，相当于给身体每一个细胞提升免疫力，来抵抗校园欺凌这种病毒的入侵。

当我们尝试把这种关注激发学生自身内在力量，提升共情、韧性与解决问题技巧的方式放在中国的学校环境背景中，我们相应的必须结合中国社会人际关系特点和人群特征来进行本土优化。

适合中国校园欺凌问题的系统性方法论应该具有以下一些特点。

首先，这个方法论应该更聚焦于欺凌型的人际关系，将权力不平等的欺凌关系进行识别、理解和处理，而不是聚焦到实施欺凌的个人身上。中国校园欺凌的整体状况和国外有一个显著区别，我们的文化中人际关系的影响要远大于个体的个性特点。在中国校园中，确实也存在一部分由于个人性格因素或者家庭因素，导致这个人成为非常突出的欺凌者，人见人怕的霸王型人物。但是由于中国校园的老师主导特点，这种霸王型人物的识别和理解都相对容易，很多时候都是由于处理不当，迁就放任才形成这种显著个体。更多时候，在中国校园中，校园欺凌问题背后隐藏着错综复杂的人际关系，可能是长期形成的恩怨，或者甚至是村落、家庭之间旧有的权力不平等的人际关系延伸到子女一辈，带进了校园之中。这种情况下，我们选择的系统性分析工具应该是关注关系，而不是聚焦个体的。

其次，这个方法论应该具有辩证动态的分析结构，能够关注孩子身体与心理成长，能够适应欺凌事件本身的演变与发展。目前的一些校园欺凌指导措施，单纯强调在学校内加强老师惩戒权，在社会上建立法律制度，依法治理校园欺凌事件。然而，这样的措施仍然是局部的，相当于画出一条本身不变的线，针对越线行为进行事后追责和惩罚。这种方法在现实中的效果非常有限。中国校园特色就是老师在学习和生活上干预管制较多，针对一般纪律问题其实都有大量的校纪校规，也有一系列的专职老师或者学生干部等管理角色的存在。这些现有的惩戒制度无法有效应对校园欺凌的问题，根源在于这些治理措施的目标并不是针对校园欺凌这种人际关系问题的，而是更多侧重于排除学习中的干扰因素，保证学生群体的人身安全，让学生能够"专心读书"。本质上，这些措施都是分数导向的，为考试分数而服务的，都是看学习结果的，自然更多聚焦在出了问题之后要怎么办，所谓的预防也不过是告诉学生，如果你做了某某事，你就会被怎样怎样处理。这样的一种非动态方法，是没有办法适应学生群体日益复杂的人际关系的，而且可能只会引导学生将校园欺凌的行为变得更具有隐蔽性和欺骗性。

更为合理的应对校园欺凌的系统方法论，应该具有辩证动态的结构特点，不是画下一条线，而是构造一个立体的框架，给我们针对校园欺凌行为在不同阶段的发展提供导航。比如，面对一个从未暴露出校园欺凌具体事件的校园，该如何进行准备；面对一个本身未发生校园欺凌但是在其他学校了解到校园欺凌事件的情况，该如何做宣导进行预防；面对一个偶尔发生校园欺凌事件的校园，该采取什么样的行动处理好这个事件，同时对别的潜在问题进行示警；面对一个多次在不同人身上发现校园欺凌事件的情况，又如何完善处理机制，清除酝酿校园欺凌的文化土壤。这些具体的问题都需要我们借鉴更高层次的主动解决问题的智慧方法论而不是停留在被动应对的层次。

第三，这个方法论应该具有时间可控、步调清晰的结构化特点，方便个人、家庭、班级和学校结合学习任务安排进行应用。校园是一个以促进学生健康成长为根本目的的环境，而现代社会对于人的成长要求天然包含必须要掌握相当基础的科学常识和语言、数学等开展进一步学习的工具。以学为本是处理学生问题的根本，这一点与"唯分数论"不同，并不是只看重考试的分数结果，而是更关注学生是否能够在他成长的时段顺利地开展这个时段对应的学习任务。从这一点说，校园欺凌的应对和处理也应该和校园的学习安排能够紧密结合。举例而言，如果针对校园欺凌事件，简单地采用交由社会法律机制来在校园外处理，那么这些法律程序很可能会对当事人的学习生活带来干扰。又比如，有很多心理咨询的支持方法可以帮助到校园欺凌的受害者，但是其中一些耗时较长或者缺乏结构化无法预计时间的方法就未必适用。

基于以上三点考虑，本书将心理咨询中基于问题解决的咨询方法（problem solving therapy）和中国传统智慧中处理复杂问题和强弱转化的孙子兵法相结合，构建应对校园欺凌的方法论体系。

将问题解决咨询的流程与《孙子兵法》的哲学体系相互结合

问题解决咨询是一种结构化的心理支持方法，以提供问题识别、分析和应对策略等工具为基本形式，引导人们学会增强自己的力量去处理生活中遇到的大小问题，提升生活质量，控制负性事件对心理和身体造成的影响。问题解决咨询框架包括两个重要的成分，第一部分是建立问题导向的思维模式，将生活中遇到的事件解读为需要迎接的挑战，而不是自身的内在固有缺陷或者无法逾越的障碍。第二部分则是在行动上获得解决问题的策略指导，学习掌握一系列技巧策略，包括学会识别问题、定义问题、创造不同的解决问题策略、讨论评估多种策略并进行决策、采取解决问题的行动并进行验证。

问题解决咨询的时间安排是相对结构化的，可长可短。咨询中以建立平等的合作解决问题的关系为特色，以充分的心理教育和作业为重要工具，聚焦在实际生活的具体困扰上，并且以关注未来、促进自身积极内在力量为原则。这些特点都使得这一方法能够有效地针对校园欺凌中的人际关系问题，进行一对一或一对多的咨询指导，也能够以动态的可控的时间进度来适应不同形式、不同程度的校园欺凌事件，还可以比较容易地与校园学习环境进行结合，在家庭、班级与学校的不同环境中配合教学进度安排来实施。

在问题解决咨询的框架中，当我们面对校园欺凌这个复杂的人际冲突和对抗问题的时候，我们有必要借鉴中国传统文化瑰宝——《孙子兵法》的智慧体系。《孙子兵法》并不仅仅是一本军事斗争的指导著作，它也是充满东方智慧，从哲学上探讨如何在敌我对抗关系中进行强弱动态转化的方法宝库。

《孙子兵法》诞生距今已经有2 500多年，是全世界最早的军事战略著作，作者是春秋时期孙武。历史上很多伟大人物都对《孙子兵法》研究颇深，推崇备至。三国时期魏武帝曹操专门为《孙子兵法》做注，留存至今的《魏武帝孙子》是现存最早的《孙子兵法》注本。唐太宗李世民曾说："观诸兵书，无出孙武。"毛泽东在《中国革命战争的战略问题》和《论持久战》中都曾经引用孙子"知己知彼"的名言。

《孙子兵法》因为其慎战、全战等战略思想，并不是好勇斗狠的你死我活的战争论述，而是在讲如何从根本上解决冲突。对于国家来说，战争最终是为了解决生存发展的问题，而不是为了破坏或消灭别人。这样的战略思考，用日本研究者服部的话来说，就是一种和平主义和不战主义。对于校园欺凌这个现象，我们要清楚地认识需要斗争的敌人，并不是单纯消灭一个一个欺凌者，而是要针对这种现象以及这种权力不对等的攻击性人际关系加以转化。

同时《孙子兵法》提出了重要的"知己知彼"和"先为不可胜"战略，这些对于应对校园欺凌问题非常切合。我们如果不能清晰地认识和理解校园欺凌的复杂现象，就不可能采取有效的应对手段。我们如果不能从提升所有学生人际交往的意识品质和策略技巧，就不可能从根源上消除校园欺凌的产生土壤。

最后，《孙子兵法》本身的内在逻辑性非常严谨，构成了一个分析对立矛盾关系引导强弱转换的分析框架，适合在流程上与问题解决咨询的框架相结合。《孙子兵法》总共十三篇，其中通常可以分为两部分，第一部分是前六篇，包括始计、作战、谋攻、军形、兵势、虚实，主要从战略和决策层面来谈。第二部分则是后七篇，涉及更为具体的行军、地形等军事问题。在借鉴孙子兵法解决一般问题的时候，前六篇的适用性更强，因为我们可以将这六篇内容与解决问题的一般步骤对应起来，分别是宏观思考、确定目标、构思行动、增强实力、布置资源、把握时机。本书的内容安排就是按照这样的内在逻辑框架进行的。

《孙子兵法》前六篇蕴含的解决问题的框架

在这一部分，我们一起将《孙子兵法》前六篇的战略决策智慧梳理一下，与应对校园欺凌的具体问题结合起来构成系统方法论。

《孙子兵法》第一篇，始计篇，开宗明义，谈兵事重大，关乎生死。在面对任何问题的时候，如果没有首先从战略高度重视这个问题，那么后续的应对都有可能陷入敷衍对付的陷阱。面对校园欺凌，个人不能逃避，家长和老师不能轻视，而学校作为一个组织更要做好思想动员，确保所有学生和老师都能够一致地重视校园欺凌问题。始计篇随后谈到影响敌我对比的若干因素，即"五事七计"，并提出了著名的论断"多算胜，少算不胜"，强调进行战略思考对最终决胜的重要性。对应于校园欺凌的应对，也需要在采取任何行动之前审慎地宏观通盘思考。

《孙子兵法》第二篇，作战篇，讨论到用兵之害，包括费钱耗时消耗国家力量，以及用兵之利，包括取敌之利和速战速决。这一篇实质上是在延续从宏观到具体的逻辑分析思路。孙子在谈具体的敌人、具体的战斗、具体的作战技巧之前，在这一篇先针对任何情况下的作战，将作战的不好的结果和好的结果进行了对比。当我们超越军事领域上升到一般问题的解决时，借鉴这一思路就是要深度分析一般现象，设定具体的解决问题的目标。预先明确做一件事之后所有可能的结果中，好的结果是什么，不好的结果是什么，这就是一个结果导向的目标管理过程。比如说，如果一上来就只聚焦于每一个校园欺凌的具体事例，急切地想要采取行动解决问题，但是却连所谓"解决问题"能够带来什么结果都没想过，那就很可能像无谓兴兵打仗一样，声势浩大、费时费力但却没有真正解决问题。举一个极端的例子，假设学校以应对校园欺凌为名，直接把所有班级拆散，所有学生和老师一对一单独教学。连同学都见不到了，自然不会发生校园欺凌。可是这样的解决方案直接破坏了学生健康成长所需要的同伴社交氛围，属于得不偿失。又好比说，学校为了"保护"校园欺凌的受害者，对每一个欺凌事件的受害者都规定要送去医院进行心理评估和后续治疗。这种医疗跟进当然看起来是对个人很负责，但这种措施却可能耗费大量时间，而且还有可能让受害者不愿意报告自己遭遇欺凌，最终损害了校园欺凌的预防。应对校园欺凌，第二个步骤就是要寻找不同欺凌事件的共性，深度剖析这一现象，设定应对的具体目标。

《孙子兵法》第三篇，谋攻篇，从军事角度谈进攻。首先提出了全利原则，以最小消耗换取最大胜利，其中包括了后世著名的"不战而屈人之兵，善之善者也"的论断。而后又详述了进攻中实现全利原则的方法，包括避免攻城、十而围之、上下同欲等。理解谋攻篇，我们可以思考一下，为什么要先讲作战篇后谈谋攻篇。作战篇就是谈，哪怕还没有明确的、具体的敌人，没有一个必须要解决的具象问题，我们也必须首先思考一般化的作战究竟要取得什么目标。不论有没有要进攻、要解决的敌人，只要是兴兵都要考虑资费和时间的消耗。而到了该思考进攻之法的时候，都是已经明确了具体的进攻对象，有了具象的需要解决的敌人。对应于校园欺凌场景，谋攻篇给我们的提示就是要预先筹备并制定好应对具体校园欺凌事件的行动流程，特别是考虑清楚这些行动措施的原则，给这些行动制定好边界限制，比如全程保护好个人隐私等。作战篇确定目标，谋攻篇则对实现目标的过程设立框架优化路径，防止走岔路、走弯路。所以应对校园欺凌，第三个步骤就是要聚焦具体事件，完善行动机制。

《孙子兵法》第四篇，军形篇，提出"形胜"在于自己而不是敌人，好比在高山之间蓄水一样，在战斗打响之前就要积蓄优势，也就是著名的"善战者，先为不可胜"。

很多时候我们面对一个对抗关系，都会更关注怎么把对方压服、怎么把对方解决掉，但是孙子告诉我们，任何关系中，我们最能够掌控的、最需要掌控的是自己这一方。如果能够清醒地知道自己需要储备哪些实力资源，那么胜利其实不需要开战就已经确定了。这一篇可以说是最为凸显东方智慧和辩证思想的部分了，也可以说是在应对校园欺凌问题中、在当前环境中非常需要重视和加强的部分。校园欺凌本质是学生之间出现了一种权力不平等的人际冲突，化解校园欺凌不可能单纯依靠学生之外的权威者，不论是家长、老师、校长还是警察，都不可能从根本上替代学生去消灭校园欺凌问题。归根结底，学生需要在成长中学习如何尊重他人，如何面对冲突或者不平等的欺凌。这些社会情绪方面的学习成长本来就是一个人必须接受的教育的一部分。所以，应对校园欺凌的第四个步骤就是要以增强学生内在能力与素质为原则，开展社会情绪领域的培训学习，为预防和化解校园欺凌储备能量。

《孙子兵法》第五篇，兵势篇，在军事上主要谈兵力的众寡安排，以及分散和集中的安排。这篇中有句话："凡战者，以正合，以奇胜。"很多人会解读为解决问题要打破常规，出奇招，使诡诈。但其实，根据北京大学李零教授的考证，这里的奇，不是奇特的奇（qi，二声），而是奇数的奇（ji，一声），指的是除法的余数。正是指主要力量，奇则是指预留出来的部分力量。两者的配合使用会有无穷的变化，表现出各种超出常规的应对方式。而对应于解决一般问题，这里谈的其实关键在于梳理好自己应对问题的各种资源，做好主次分配，根据实际情况灵活地调整主要和次要的关系，做好排兵布阵。在校园欺凌的应用场景中，这个第五步骤就是要合理地分配资源，将应对校园欺凌问题的策略进行丰富的储备，并做好主次分配。比如，我们除了惩罚欺凌者以外，还有什么方法来化解冲突？惩罚的方法面对不同性格特点的欺凌者或者不同类型的欺凌事件，又可以有怎样的分配组合来实现最佳遏制效果？这些问题都是在资源分配这一个战略步骤来思考的问题。

《孙子兵法》第六篇，虚实篇，首先强调在军事斗争中争夺主动权的重要性，即所谓的"致人而不致于人"，而后谈到的"以众击寡、避实击虚"，其实都是谈如何在动态演化中创造和把握有利时机。对应于解决一般问题，这是在经过前面通盘的战略、目标、行动规划之后，增强了自身实力，做好了资源分配之后，开始考虑解决问题的时机了。而所谓合理的出击时机，用孙子的形容来说，原则非常简单，就是不断创造和寻找"以碫投卵"的胜机。凡是能够找到对方的鸡蛋，也就是虚，在这种时刻出击，投之以自己的石头，也就是实，这就是非常朴素但却非常深刻的获胜道理。当我们真正把问题想通透之后，我们会发现解决问题的大道往往都是简洁而朴素的。应对校园欺凌，在第六个步骤，要考虑如何创造时势，获得自身面对欺凌者的主动，以及在班级和学校中创造和把握采取有力行动的机会。

借鉴《孙子兵法》形成的校园欺凌应对方法论的特点

本书中梳理的校园欺凌的应对方法论，具有分步骤实施、逐级深入的特点。分为如下六个阶段性步骤：

始计篇——做好思想动员，建立原则框架

作战篇——深度剖析现象，设定具体目标

谋攻篇——聚焦具体事件，完善行动机制

军形篇——增强自身实力，开展培训学习

兵势篇——合理分配资源，确定主次策略

虚实篇——创造主动时势，把握行动机会

这一套有步骤的方法论以校园欺凌的预防和化解为目标，关注焦点并不在于消灭欺凌事件或者欺凌者个人，而是在于纾解校园欺凌造成的心理负面能量，化解人际交往中的恶意。

对于个人而言，可以遵循这套方法，思路清晰地采取行动走出校园欺凌的阴影。对于班级与学校而言，可以遵循这套方法，有条理、有章法地出台校园欺凌的预防、处理、教育等多个层面的措施体系。

此外，这套方法论的特点还在于非常强调防患于未然，在校园欺凌尚未发生的时候就采取思想动员、制定目标、形成政策，并在具体的行动机制上落实。同时，强调以教育培训为主要核心措施，帮助学生和整个班级、学校，"先为不可胜"，建立好强大的内心能量和积极的校园文化氛围，把校园欺凌遏制在萌芽之前。这种关注内心成长的思路特点，也有助于个体在面对强势的欺凌者之时，保持希望积极促进强弱之形的转化，把握我实彼虚的时机，以动态的方式解决问题。

这些方法不仅可以应用于校园欺凌的解决，也可以帮助我们梳理和面对一般的人际冲突问题以及生活中遇到的各种困难和挑战。

应对校园欺凌的"孙子兵法"

始计篇
——做好思想动员,建立原则框架

应对校园欺凌的"孙子兵法"

不论你是否已经遭遇或目睹了校园欺凌，你都需要在自己的头脑中做好战略运筹计算，考虑清楚以下两个问题：

校园欺凌的危害是什么？

校园欺凌中真正的敌人在哪里？

这两个问题会帮助我们形成重视校园欺凌问题的决心，构建基本的宏观原则。

认清校园欺凌的危害，统一共识

校园欺凌的危害在于：

第一，它直接给受害者的身体和心理造成伤害，干扰了正常的学习生活，影响了学生、家长和学校都关注的考试分数。有不少厌学的案例都是因为遭遇到了校园欺凌，结果无心学习落下了功课，导致后续哪怕换了学校脱离了欺凌的环境，仍然会感到学习非常吃力。更为严重的是，有些学生因为校园欺凌，对学校产生了严重的害怕、抗拒的心理，完全丧失了正常的求学生活。

第二，校园欺凌给人们带来的心理创伤可能是长期的，会影响一个人的人格发展、社交发展和道德发展，在脱离校园进入社会之后仍然长期地对人们带来负面干扰。有一些案例中，当事人已经远离被欺凌的事件很多年了，但是身体创伤恢复了不等于心理创伤就会消失。有一些人因为被欺凌导致自己总是感觉非常焦虑，害怕自己又"惹到事情"，在人际交往中倾向于退缩回避，不敢交朋友，甚至影响到自己的婚姻幸福。对于欺凌者，哪怕他的所作所为当时没有被发现、没有被惩罚，这仍然是他成长过程中的一段负面能量。逃脱惩罚只会让他在自大自误的道路上继续恶化。

第三，校园欺凌会影响整个班级、整个学校甚至最终整个社会的健康风气与和谐文化。一个单独曝光出来的校园欺凌事件其实只是冰山一角，根据海因里希安全法则，任何一件重大的事故背后必然有大约29件轻微事故或违章，以及高达300处尚未被发现的潜在隐患。对于校园欺凌也是这样，一件校园欺凌事件被发现暴露出来的时候，其实它已经深深地在整个集体中留下了烙印和发展脉络，在每个人的心中也留下了伤痕和恶意。这些潜在的看不见的痕迹，会侵蚀整个社会文化氛围中人与人之间积极的关系，并带来更多冲突、怨恨、猜忌等。

由于校园欺凌具有这些危害性，所以不论是个人还是学校，甚至整个社会，都应该重视这个问题，积极地寻找应对之道。

案例访谈

访问者：你好，首先非常感谢你愿意接受这次访谈，有件事要事先跟你说明一下，这次访问一会将会被录音，但是之后会隐去你的个人信息，你能接受吗？

受访者：可以的。

访问者：好的，这次访谈会花上至少半个小时，但是不会超过一个小时，接下来的这段时间你都方便吧？

受访者：可以的。

访问者：好，我们现在就正式开始吧。我先确认一些你的基本情况。

受访者：好。

访问者：性别女。

受访者：嗯。

访问者：那年龄是多少呢？

受访者：25。

访问者：25，好的，你现在是在读书还是工作？大致情况可以跟我介绍一下吗？

受访者：已经工作了，工作两年了。

访问者：好的，接下来我就要问你一些有关欺凌事件具体过程的问题。如果在这个过程中，你有任何感到不适的地方可以立刻打断我。

受访者：好的。

访问者：好，首先第1个问题，这件事它是发生在哪一年？

受访者：高中的时候。高一的时候。我毕业两年，就是8年前吧差不多，八九年前了，因为我后面又读大学嘛。

访问者：好。你当时学校是在哪里？

受访者：我不想透露详细的学校信息，它是××区的一间重点高中。我也不知道我所遭遇的事情是不是程度有点轻，可能对于很多那种校园暴力之类来说，可能程度会比较轻，那我大概讲一下吧，如果你们觉得可能还没到那个程度，我们早点结束也可以。

我的声音可能跟别人的会有一点点不一样，可能有一些人会觉得是偏娃娃音一点，有些人说会偏嗲一点。但是从小学到初中期间，我身边没有人跟我说过这个问题，所以我也从来没有意识到我跟别人不一样。但是我后来上了一个比较好的高中，身边比较少熟悉的人，当时我们班的男生就会经常议论我的声音跟别人的不一样。

比如说，我在走廊、我去上厕所回来的时候，我前面就有一群我们班的男生，他们就可能在讨论，说那谁谁谁的声音好嗲、好骚啊或者是什么什么，会有这样的一种情形。还有在我们上晚自习的时候，当时学生会放《新闻联播》，节目里可能在采访一个人或者怎么样，然后我们班的男生就会带头起哄，说那谁谁谁，就是指我，那谁谁谁你模仿着来说一段，就是他们会去取笑我的声音跟别人不一样或者是怎么样，我经历的大概是这样的一个事情。然后可以说对我后面很长一段时间的一个影响是，我后来高二的时候文理分班了，但是整个高中三年期间，我是从来不会去跟男孩子交谈，不会去跟男孩子说话。

我觉得可能会在跟男孩子相处的过程中特别有心理负担，我也会觉得我的声音跟别人不一样，比如说如果在人群里面我稍微大点声音，身边的人都会看着我，我就会有很大心理负担。

访问者：到现在也是这样子吗？

受访者：可能就高中的时候那一个阶段是特别明显，也会比较敏感。后来我去上大学，去了外省，当时学的是文科，所以我们班男生特别少，就没有出现这种情况，就可能也还好，没有像高中那么恐惧跟男生交谈或者是交往，也都是那种正常的接触，但是我可能也不会特别主动地去跟男生有太多的接触，大致是这样的一个情况。

访问者：好。首先你一开始提到，那群男生他们会就你的声音，去对你指指点点，那这个是你高一一入学，就比如说你开始说话什么的，然后就那样发生了吗？还是说有一个什么事件诱发它发生？

受访者：可能没有一个典型的事件，但是日常的这种不经意或者是很明显的都有出现，比如说像我刚才说的，在走廊听到他们这样子说，我就在他们可能不到一米还是两米的位置，但是他们可能没有看到我，他们就在走廊里面很大声地讨论这种事情。然后……

访问者：你会不会听到他们的讨论？

受访者：他们可能不知道我听到，这是一种情况，还有一种情况就是，我刚刚说可能有一些场景，他们就直接在这种群体性的人面前去开这种玩笑，或者说是整个班的一大群人在那起哄，"对啊对啊你来模仿一下，你来怎么样"，或者说是当时一些韩剧很火的时候，他们就会说"谁谁谁你来模仿一下女主讲话"，就类似这样的情景和事件会发生很多。

可能我自己特别在意这个事情，但是身边的同学也没有特别觉得这是对别人的伤害吧。

访问者：好。那群男生，他们大概有多少人？是班上所有男生都会参与进来，还是有比较固定的那几个人？

受访者：比较固定的那几个。就是在我上学的时候很多班集体可能不管是男生还是女生，都可能会有一个比较明显的小团体，这个小团体可能在班上有点像一个小的大哥大和一个小的大姐大的这种感觉，然后很多男同学或很多女同学会跟他们玩。他们是属于这样的一个群体。

但可能其他的人就是属于大家自己过自己的小生活的那种，然后有人起哄、气氛太热烈的时候就参与一下，但是不是去带头，他们就是属于那种比较明显的小团体，朋友会是比较多的那一类。

访问者：好，那这个小团体它大概有多少个人呢？就是每次那样去欺凌你？

受访者：大致不记得，但是我记得它至少是有一个特别领头的男生，他身边经常一起玩的那种哥们儿大概有三五个，其他人可能看热闹不嫌事大那种，然后有事就掺和一脚的那种感觉。

访问者：好的。他们这个小团体除了班级里面你之外，会不会也对其他同学有欺凌？还是说就蛮针对你的？

受访者：我觉得对其他同学也有，但是我，因为太久了，我已经忘了那是高一还是高三的事情，就是班上也有。很奇怪，大家不允许别人跟他们不一样，有人跟他们不一样，就会被欺负或者被取笑。可能有一个女孩就是特别喜欢穿短裤吧，我没有从男生嘴里面听到他们去讨论，但是我从女生的这个群体里面去听到男生说她怎么样怎么样，然后可能那些男孩子，我也不知道是看小黄片还是看什么看多了，可能晚上也在很隐晦地去讨论那些方面，也是在讨论那个女生，然后，后面就可能有挺多女生就是故意地不去跟那个女生玩，这种也会有，就好像跟那个女孩扯上了一点关系会被大家厌恶的那种感觉。但是我那个事情可能没有上升到这么被所有人去排斥的一个情况，我跟女生还是在一起玩的。只是可能我不知道这个事情是只有我自己当回事吗还是怎么样，大致是这样的一个情况。

访问者：好，那你刚刚提到的，就是那个你从别的女生那里听到的那个被欺凌的，它不是同一批人做的事情，对吧？

受访者：不是同一批。那个女孩，我印象中应该是高三吧，高三的时候分班了之后的一个情况。

访问者：好。那我想问一个问题，比如说你在走廊上被他们议论，或者班级里那样被他们起哄，在这样的情境中旁边会有人看到吗？有没有人作为一个旁观者在那里？

受访者：像走廊的那种情况，我印象中是没有人替我出过头去制止他们的这种行为。在班级的那个情况，我印象中应该也是没有人替我出过头，或者说去制止这个事情。甚至于可能说是，有的时候可能大家也是无意的吧，我记得有一次可能是在女生宿舍，有一个跟我玩得比较好的女孩子，也开过类似的玩笑。

访问者：所以可能班里大家都知道这件事，但是从来没有人去制止他们几个，或者说站出来替你说话什么的，对吧？

受访者：我现在回想起这个事情，当时我印象中是从来没有人会觉得这是一个伤害别人的行为，从而去制止过。但是我又想到你刚刚说的其他的同学，我想到高三的那个同学，其实包括我自己，我也没有觉得这样子是男生的不对，我也是跟很多人一样，站在了我不惹事的一个鸵鸟的状态。

访问者：好。那你每次听到那些话或者是被那样起哄，你在当时的反应是怎么样？会不会让其他同学看到你对这个事情其实还是蛮不舒服，或者蛮受冲击挺受伤害的？还是说你当时表现得比较克制，比较隐忍？

受访者：我觉得可能那时的自己比较懦弱吧，我也没有直接站出来说你们这样子不对，我可能当时会觉得这是我自己的问题，为什么自己会这样，然后可能会影响自己，比较自卑，又很害怕被别人关注到所有的一举一动，就不太会去表现自己的情绪，也不会去跟别人说这个事情，就自己默默地躲到一边，自己去把这个事情给消化了。

访问者：好的，我想知道这件事它最后是怎么结束的？是随着分班就和他们分开，自然而然那样结束了，还是说有谁干预进来？

受访者：我觉得就是自然而然地发生，然后自然而然地消失吧。因为其实这个事情对我个人来说影响最大的时间段是在高中的那三年，就是我高一、高二都是在那个班集体里面，我觉得会时不时受到这样的伤害吧，可能就会导致我自己觉得是我的问题，然后我不会在公共场合大声地去讲话。像我们高中那个时候也没有手机，可能会出现很多情况，比如你看到同学或者朋友在200米外，你要喊住他，很多时候都会吼他两声嘛，但是我印象中就是因为这件事情，在公共场合我基本上从来不会大声讲话。如果你在离我200米以外的地方，我有很急的事情要找你，我不会去喊你，我都会很快跑到你身边再去跟你讲话，我觉得这是对我当时的一个影响，然后自己更内向、更自卑一点吧，受环境影响蛮大的。但是我后来去上大学的时候，我读文科，班上没几个男生，就五六个男生那种，跟女生相处也还好，就慢慢地从那个状态里面解脱出来，就过得比较舒坦了。我之前都以为没什么事情了，今天问起这个事情，我觉得还是比较伤心和难过的，以致于我现在对高中的那几位男同学，我已经忘了具体是什么事情，但是我觉得我可能这一辈子都会很恨那几个人。如果说以后有同学聚会，我可能不去参加，如果我碰到了这几个人，我可能心里面会对他们一直有敌意吧。

访问者：好的。那像他们这样欺凌你一共持续了多长时间？是就那一年吗？

受访者：我觉得应该是高一、高二那两年吧，不是说每天欺负你多少次，就可能时不时的这一种，这一种细节啊或者是言语啊或者是多多少少各个方面都会有这些攻击吧。

访问者：就是频率不是很高，但是一直都有发生，是吗？

受访者：对，就是因为你跟别人不一样，我觉得可能大家也是闲得慌吧，生活里面可能有那么一点事情，就时不时"作妖"两次吧。

访问者：那我想问，你有没有想过，他们当时到底为什么要这么对你，就是他们每次在那样欺负完你之后，他们会不会有什么反应？或者说好像有得到什么好处，他们到底为什么要这么对你？

受访者：我觉得可能他们就是太无聊了，有一个事情或者有一个什么东西可以戏弄一下，他们就开心了。当时那样子大家起个哄，然后就大家哈哈哈一笑，可能说他们在你背后就是针对你的这个不一样，在那里说那些不好听的话，然后就一群男生猥琐地笑一笑，对于他们来说，就是无聊的生活里面稍微那么有一点点有趣的一个事情这样子吧。

访问者：好。就是当时发生的这件事，会不会影响到你和班级里其他同学的关系？

受访者：我觉得应该是影响了我跟我们班男生的关系。我跟女孩子之间其实关系还好，但是，其实我以前初中和小学的时候，我都是一个特别开朗的人，因为我身边的很多朋友都是住一个小区，然后上同一所小学，又一起升同一所初中，就会一直跟那些同学的关系特别好，其实我也是很乐意交朋友的。然后可能就是高中，因为他们的事情之后，可能自己的性格也变得比较内向一点，基本上也不怎么去跟别人有太多的接触。但是常规的宿舍室友的关系，或者是同桌这种比较近的关系也还正常，但是可能性格还是多多少少有点变化。我现在回忆起我的人生阶段，可能那三年是我人生最压抑的时候。

访问者：好的。就这整个事件都没有任何一个老师或者学校知道，以及采取措施什么的吗？就都没有？

受访者：没有。因为这个事情是发生在课余时间，我自己也没有说这个事情，我们班也没有那种特别正义凛然的同学出来主持公道，然后就这样了这个事情。

可能会觉得我的生命是这样子，这个事情不是我的错，但是如果说我去跟别人说这个事情，人家会不会说你那么敏感干吗，说大家也就是开个玩笑。如果我去跟别人说这个事情，遭遇到了这样的反馈会更难受吧，所以我从来没有想过要去跟别人倾诉，或者说能够去跟别人解决这个事情。因为其实我们在任何一个群体里面或多或少都看见过，班上有那么一两个人被人欺负或者被人孤立，大家好像都是就这样过了这个事情。

访问者：你当时在遭遇欺凌之后，你的心情是怎么样的？就是你心里的感受之类的。

受访者：我觉得首先是不开心，然后焦虑，这些可能都会有，但是可能更多的是加深自己的自卑吧。

访问者：好。好的。这件事发生以后这么多年，你回忆起它，你对它的感受，在这么多年内有没有发生什么变化？还是说一直都觉得怎么样？

受访者：首先是，我基本上很少去详细地回忆这个事情，只是偶尔在整理房间或者是在整理照片的时候，看到一些高中的东西，就会稍微想想，我们当时班上有那么几个混蛋，你怎么高中过得那么压抑，可能就是回忆起高中生活的时候会这么感叹一下。

其次，像我之前报名你们这个问卷的时候，我当时就大致回忆了一下高中发生了什么事情，我觉得好像当时的情况还是觉得挺云淡风轻的，没有太多的心理或者是情绪上的波动，但是刚刚在跟你讲那个事情的时候，你在问到一些事情的时候，我发现这个事情影响还是蛮大的，因为，详细地去讲的时候，我不知道是说没有人帮助你，还是自己没有去想过把这个事情处理好，觉得特别可悲。所以可能刚刚情绪就比较难受，就刚才吧。一开始有可能就是我刚刚回忆起之前，哦，我高中怎么会过成那个样子，怎么班上会有那么几个混蛋，可能就是一种比较宽泛的想法，不太会去计较这些事情吧。因为对于我来说，现在大致的影响没有太多，但是我现在更多会意识到我的声音跟别人不一样，有的时候说话稍微注意一点，就像有的女孩撒个娇或者语气软一点什么的，我就会觉得我就算了吧，在我现在或者是以后的生活中，多多少少还是会去注意自己的声音和自己的声音的表达这一个问题吧，其他就也还好。

访问者：好的。那你现在回忆起这件事，你会不会希望对当时欺负你的那些人说一些什么？

受访者：怎么说呢？我可能现在长大了吧，就只是觉得为什么当时包括我自己、包括他们怎么都那么无知，我不知道这是我们自己的问题，就是学生这种幼年的群体的这种无知的问题呢，还是我们这一个教育系统或家庭教育其实有缺位的地方？

访问者：所以你现在回想起他们，也不觉得这完全是他们的错吗？能比较宽容地看待了，还是？

受访者：我可能对他们还是会有情绪上的厌恶，但就事论事，我们大家从这个学生生涯过来，总是会有那么一两个被欺负的人，但是你回想起来这个事情它好像是一个客观存在，好像不只是那些混蛋有问题。所以这个问题到底在哪呢？就可能会去想这个问题吧，而不是说太多去想那几个人到底有多坏或者是怎么样？

访问者：好的。好。那你会不会希望对当时的你自己说一些什么？

受访者：我真的有一个挺不切实际的幻想，就如果当时强硬一点，凶一点，如果有人敢说我当时怼回去，我觉得可能自己的性格也会更好一些，自己也会更舒心一点吧。

访问者：好的，大概就是这些，非常感谢你的分享。

给学生个人的指导建议

写给学生的话

如果你曾经在校园里被人欺负，或者现在就面对这样的困难，请你先做一次深深的呼吸，然后冷静地跟着我说："现在开始，我要学习一些本领来让自己不被欺负。我想让自己心里好受一点。"接下来，只要你按照这本书提供的指导来一步一步采取行动，你就能学会如何让自己内心更强大。

今天可以做的事

请你准备一张白纸，或者将这一页打印出来，一步一步地思考并回答以下问题：
我现在被欺负或者我看到的欺凌事件，都有什么样的经历？
被人用讲话的方式欺负：被起外号、被嘲笑、被人威胁、被人传播谣言。
被人动手欺负：被打、被推搡、东西被人偷走、东西被人损坏。
和别人关系不好：被排斥，被别人无视，别人不和我说话，别人不和我一起玩。
网络欺凌：别人在网络上攻击我，让我难受。
其他：

说说遭遇或见到的这些事情给你带来了什么感受？
压力很大、担心、难过、愤怒、整个人没精神、头痛、肚子痛、恶心、没有食欲、睡不好、做噩梦、不想上学、不能专心学习、害怕和别人说话。
其他：

应对校园欺凌的"孙子兵法"

接下来请你尝试参考下面的模板,写一封信,给那些做了这些欺负人的事的人。这封信我们不需要寄出去,所以请你尽情地按照自己的想法来写就可以,不必担心保留。

(姓名)

我,(姓名),今天我找到了一个厉害的朋友,他帮助我开始采取第一步的行动。现在开始,我要自己说了算。

你做的那些事,让我感到很不舒服。我不会再任由你这样做了。我将会坚持学习一些智慧,让我自己的内心更强大,让我更加自信,不会被欺凌吓倒。

当你做_____的时候,我感觉(写下你的感受)。

我希望你停止做_____。

你还记得第一次你做了吗?现在如果你再这样做的话,我会足够 勇敢/自信/坚强/去说"不"。

从现在开始,我要学习让自己变得更有力量、更有智慧的方法了。

给家长的指导建议

写给家长的话

不论你是否知道你的孩子曾经或者正在经历校园欺凌,你都需要做好思想准备,你的孩子和每一个人一样,都有可能在人生中遭遇来自他人的恶意的攻击,或者陷入一场权力并不平等的冲突。在与孩子进行对话了解孩子的状况之前,我们先要对自己作为家长的一些思想误区做好检讨。

今天可以做的事

判断以下说法是否正确	对/错
校园欺凌就是小孩子开玩笑,很正常,不需要成人牵涉其中	
小孩子打打闹闹很正常,我们作为家长小时候都经历过	
校园欺凌是坏孩子、成绩差的学生才做的事	
只有那些瘦瘦小小、唯唯诺诺的孩子才会被欺负	

续上表

判断以下说法是否正确	对/错
孩子如果受了欺负、受了委屈一定会跟父母求助的	
如果我的孩子被人欺负了，我就叫他打回去，这样就不会再被欺负了	
被欺负了如果心里难受过不去这个坎，这是心理素质不好的表现	
被欺负了当然不好受，但是谁都会有不开心的时候，过后就忘了	

如果你对上述任何一个说法，感到不能百分之百肯定地说"错"，那么请你认真地坚持阅读接下来的内容，因为这些误区是普遍存在的造成家长应对校园欺凌失当的重要因素。

校园欺凌不是开玩笑或打打闹闹。虽然看起来的行为似乎差不多，但是当一个人以压低另一个人的社会地位、心理地位为目的，把玩笑话和打闹当作一种工具的时候，这种性质完全不同的欺凌行为会在每一个有关联的人心目中留下完全不同于开玩笑或打闹的情绪痕迹和思维烙印。确实，孩子们在小时候很可能会打打闹闹，但那种是在彼此平等的基础上发生的，因此当事人的心情和欺凌事件中不一样，是激越而兴奋的。

校园欺凌并不一定只是牵涉那些所谓的差生、问题学生，或者体型瘦小以及性格懦弱的学生。目前的网络信息时代，孩子们普遍接触的信息量非常巨大，彼此沟通建立社交关系的方式也非常多样，相应地对于一些负面的例子也不可避免的有所了解。然而，我们的学校管理对于这种网络信息时代的适应还并不成熟，大部分时候都是依靠简单粗暴地拒绝无视来对网络化社交工具进行管理的，比如对智能手机一刀切禁止入校等。这种情况下，孩子们的社交成长和他们的学科成绩学习很多时候是彼此割裂的。这就会导致，哪怕是成绩很好，平时也比较遵守规则纪律的学生，同样有可能成为欺凌事件的当事人，不论是作为受害者还是欺凌者。而身材和性格特点确实有可能成为被欺凌的一个诱因，但是大量案例表明，欺凌事件的核心是在心理层面发生的，所以即使是人高马大、性格外向、不爱计较的人也可能成为欺凌的目标。

一旦成为欺凌的受害者，很多孩子并不会选择告知父母。因为目前关于校园欺凌的教育中还存在相当大的漏洞，拜一些新闻的选择性偏差所赐，很多孩子会以为只有那些非常严重的身体伤害才算作欺凌，因此他们会对欺凌的苗头，那些看似轻微的心理攻击感到困扰，但是又不确定是否属于欺凌的范畴。因此不愿意"小题大做"跟家长讲。另外，很多家长自以为和孩子关系很好，但其实是一个巨大的假象。当孩子本身对家长缺乏信任，或者没有把家长当作一个亲切的心理支持来源，或者担心家长批评时，他肯定

应对校园欺凌的"孙子兵法"

会在和家长沟通中有所保留。

另外，面对欺凌，简单的反击打回去，通常对于解决问题没有太大帮助。一方面，所谓的以暴制暴对于现在大多数的校园欺凌事件并不适用，因为这些欺凌一开始就是软性的，是心理攻击，而不是直接的暴力。另一方面，以暴力形式反击，可能导致受害者同时又变成一个欺凌者，形成了更多循环的欺凌往复。

最后，校园欺凌最大的危害是给受害者、欺凌者以及旁观者都带来情绪上的波动和思想上的干扰。这些反应是自然而然的，不是"心理素质不好"。因为欺凌带来的心理伤害确实可能会随着时间的推移和环境的改变而有所减轻，但是心理情绪波动就好像心灵得了一场感冒一样，如果得到了恰当的治疗，自然不是大事，但如果应对不好，留下病根伤到了免疫力的根本，小病就有可能积累成大病。针对校园欺凌的伤害，还是要及时纾解，这样才能最大限度控制长期伤害。这种心理疏导对于受害者、旁观者和欺凌者都需要。被欺负心里不好受，旁观者和欺凌者的心里也未必舒服。尤其是我们现在校园中，大部分学生的社交心智还是比较单纯的，其实很多欺凌者心里也是犹豫的、试探性的。他们现在对别人做这个事情，自然知道他自己也可能被别人这样对待，心里其实是有害怕不安的。如果欺凌者已经因为欺凌而感到心安理得甚至极度兴奋满足，那其实反而说明他受到的心理伤害已经根深蒂固了，走上了一条偏斜的人生道路。

给老师的指导建议

写给老师的话

校园欺凌不仅对受害者、欺凌者和旁观者带来直接的心理冲击和负面情绪积累，同时也会损害整个班级的健康文化氛围、凝聚力和友善关系，更有可能直接给老师们日常的教学工作带来直接的阻碍。一个班级通常都会有多个学科的任课老师，如果大家花费15～20分钟时间针对校园欺凌问题做一次专题讨论，特别是就校园欺凌的危害达成一致，那么会极大促进班级的管理和教学工作，大家群策群力共同发现校园欺凌的苗头，及时控制校园欺凌的危害。对于每一位老师而言，如果你面对的学生背负的沉重的情绪包袱，那么作为老师开展日常工作就可能既费力又没有效果。反之，如果能够及时察觉并解决隐蔽的校园欺凌问题，就可能提升班级整体的积极情绪水平，创造快乐学习的环境，而这种情况下，老师开展教学和班级管理工作也会如同顺水行舟，既轻松又高效，甚至在学生考试成绩上也会带来直接的收益。

今天可以做的事

邀请班级的其他任课老师，针对校园欺凌的主题进行一次交谈或会议。

活动材料：

校园欺凌几点认识的认可度讨论

认识内容	认可度（0~100%）
校园欺凌会阻碍学生正常学习，给老师的教学工作带来更大阻力	
校园欺凌给受害者带来的创伤可能会长期持续，到离开校园很多年后	
目睹校园欺凌的旁观者也会遭遇情绪冲击，可能会出现焦虑、害怕等负面情绪	
欺凌者最终会被同辈厌恶、排斥，对自己的成长构成负面影响	
持续遭遇校园欺凌的孩子可能会选择极端方式来逃避，包括逃学、沉迷游戏，甚至还会发展成焦虑症、抑郁症等严重心理障碍，出现自伤、自杀等情况	
受害者并不必然会报告被欺凌，而是会遭遇相当大的心理阻力，有相当比例的校园欺凌事件从未被成年人知晓	

可以邀请各位老师针对活动材料中的若干重要认识依次进行讨论，发表意见，结合自身看到的事例或者自己的想法陈述理由，也可以提出不同意见。本次会议以及讨论的目的并不是一定要在所有老师中形成唯一的共识，而是让参与讨论的每一位老师把自己的想法清晰地表达出来，让大家彼此了解在校园欺凌问题上各自的想法，针对校园欺凌这个重要的话题开始老师之间的对话和讨论，增强对于校园欺凌问题的重视程度。

给学校管理者的指导建议

写给校长的话

对于校园欺凌问题，很多教育工作者容易陷入一种普遍的心理特征中，就是"乐观主义偏差"（optimism bias）。这是一种对于自己过度自信的心理状态，其实这种偏差在人们身上普遍存在。驾驶汽车的人都认为自己的驾驶水平在所有人当中处于前20%~30%；大部分律师都认为自己代理的一方会赢得诉讼，虽然这个概率一定不会超过一半；吸烟的人哪怕承认香烟可能会导致肺癌，但是却总会认为自己是例外。对于校园欺凌也是如此，虽然在对于学生的访谈之中大部分学生都表示遭遇过校园欺凌，无论是什么类型的学校、什么地区的学校，但是仍然有很多学校管理者对于这个问题的态度是："校园欺凌值得重视需要预防，但我们学校没出过这种事，所以我们学校没有校园欺凌。"遗憾的是，没有暴露出来不等于不存在。如果希望建立应对校园欺凌的系统化工作体系，那么首先就要对自己心理层面这种侥幸或自我例外的心态进行客观的分析。

今天可以做的事

请选择一个专门的时间，在一个安静的环境中，使用下列表格，对自己的学校有关校园欺凌的现状进行一次评估。

请根据自己学校状况勾选符合的描述，根据每个类型符合描述的数量多少可以判断目前本校属于哪种类型。

学校应对校园欺凌的分类自我评估

类型	本校校园欺凌问题应对现状	是否符合	本校校园欺凌现象暴露程度	是否符合
第一类 需要开展思想动员，重视该问题	尚无应对校园欺凌的整体政策，没有给老师的专门针对校园欺凌的指导材料或处理流程规范文件		从未暴露过任何校园欺凌事件，老师们从未提出过要围绕校园欺凌问题开展研讨会	
	没有开展过校园欺凌主题教育，没有给学生的专门针对校园欺凌的指导材料或培训课程		学生从未反映过受到校园欺凌的困扰	
第二类 需要进行目标设定，形成整体政策	尚无应对校园欺凌的整体政策		从未暴露过带来严重身体伤害的校园欺凌事件，对程度较轻的欺凌事件有耳闻，但没有正式处理过	
	曾经就校园欺凌问题与老师们进行过非正式讨论		老师们在非正式讨论中提出曾经了解到有偶发的校园欺凌状况，但不清楚具体人物和事例	
	曾经开展过单次的校园欺凌相关主题的学生教育活动，但并未给每个学生提供指导材料		学生在非正式沟通中表示有校园欺凌现象，但并未针对具体事件做出指证	

续上表

类型	本校校园欺凌问题应对现状	是否符合	本校校园欺凌现象暴露程度	是否符合
第三类 需要建立具体的行动计划，开展反校园欺凌的系统工作	有针对校园欺凌的基本政策，但该政策由少部分人制定，并未在老师和学生群体中经过广泛讨论		曾经暴露过偶发的校园欺凌事件或以校园欺凌的定性处理过单次事件	
	与暴露出校园欺凌事件的当事班级老师进行过具体的处理讨论，但并未请所有老师了解处理过程		老师能够肯定地说出校园欺凌的具体事件，但只是个案，全校范围并未持续出现	
	已经完成对校园欺凌个别事件的处理，但尚未根据本校具体事例开展全体学生的预防教育。尚未将校园欺凌事件如何举报、如何处理等问题告知所有学生		学生曾经正式找老师提出遭遇了校园欺凌的困扰	
第四类 需要开展全员的专题培训学习，遏制校园欺凌的蔓延	有针对校园欺凌的基本政策，但对于控制校园欺凌问题仍显无力		曾经暴露过产生严重身体伤害或持续时间很久的校园欺凌事件；或者一学年内出现多次校园欺凌定性的事件；或者每年都会发生至少一次校园欺凌定性的事件	
	不止一个班级的老师曾经处理过校园欺凌事件，但处理过程并未形成统一标准		不止一个班级老师曾经确认过本校出现校园欺凌事件	
	曾经在多个班级开展过校园欺凌的主题班会课等活动，但并没有持续地针对学生的社交情绪开展教育培训		学生对于本校发生的校园欺凌事件普遍知情	

应对校园欺凌的"孙子兵法"

反对校园欺凌要关注不平等的权力关系

校园欺凌事件中，我们要反对的真正的敌人在哪里？很多人以为只要抓到了欺凌者给予惩戒就可以解决校园欺凌问题。其实这种错误的聚焦来自对校园欺凌的认识停留在表面浅层。如果我们只关注看得到的打人、骂人、起外号这些行为，以为只要制止了这种行为就可以解决问题，那么其实是没有注意到，所有打人、骂人、起外号这些行为背后的根本特征在于，欺凌者非常有意识地尝试建立一种不平等的权力关系。不论是何种形式的校园欺凌，它与一场拳击赛的差异并不在于法律是否允许，而是在于欺凌中涉事双方并不是在对等关系下发生冲突。欺凌者是以压服对方，将对方的社会地位、心理地位降低为目的而使用身体暴力或者语言暴力的。

欺凌的起点可能确实是一些具体的行为，包括身体暴力、言语暴力、社交暴力等，但是欺凌的持续发展最终带来的是在欺凌者和受害者之间形成的一段稳固的人际关系，以不平等的权力为核心特点的欺凌关系。一旦这种人际关系形成了，哪怕欺凌者不再做采取什么具体的行动，哪怕只是给一个眼神，都有可能让受害者体验到威胁。

对校园欺凌的识别、预防和处理，都要考虑以这种基于不平等权力关系的人际冲突为关键特征来进行整体的思考。如果只是盯着一个个具体的行为，就可能漏过很多隐性的欺凌事件。如果只是盯着一个个做出欺凌行为的欺凌者，就可能无法真正根除欺凌事件产生的根源。

案例访谈

访问者：请问一下你遭遇校园欺凌大概是在什么阶段？
受访者：严格来说，应该是初中，但是其实小学里面也有，只是没有那么严重。
访问者：欺凌你的人是同班同学还是校外的学生？
受访者：同学，以前是普通的朋友关系。男生之前是普通同学的关系，女生其中有一个是我之前的朋友。
访问者：就是说不只是一个人是吗？
受访者：是一个团伙。
访问者：他们是怎么样开始对你进行欺凌了？可以详细说一下吗？
受访者：比如说语言上的，当时，会在班上讲我有体味，有很重的味道，后来我搬离了那个位置，他们发现其实是另一个男生有体味，然后又开始说另一个男生。他们那段时间讲的话，对我还是一个蛮大的伤害的，之后发展成，比如说我从哪个地方经过，他们会开玩笑说有病毒来了，要喷一下，就拿那种喷壶喷水。肢体上的话，我是正面跟我们班上同学打过架的，当时我记得我有撕掉一个男同学的书，然后我有一段时间，我会带一把小刀，这样会有安全感。还有，我妈妈每天晚上会去接我，在回家的路上，我不知道他们看没看见我妈妈，几个男生冲过来，就这么吐口水在我脚下，我妈当时也没有看见，他们就突然吐口水，然后就走了，非常搞笑。

访问者：他们是不是对身边的很多人都会有这种行为，除了你之外，身边的同学也会受到这种欺凌吗？

受访者：班级是有几个人，不仅仅是我，女生会比较多一点。班上当时还有另一个女生。但是他们是阶段性的，有一段时间他们会特别针对某一个人，可能过了这段时间就会针对下一个。在我之后，班上有一个比较喜欢跟社会上的人接触的女生，他们会觉得女生的一些行为不当，故意针对她。用的方式就是跟用在我身上的差不多。也说她是一个病毒，去骂她。

访问者：就是说他们是一个团伙里边是有一个带头人的，是吗？

受访者：我到现在其实也不知道谁带头，带头人可能有两个，也可能有三四个。但是我上大学之后，我去找过其中的两三个人质问他们这些事情，说为什么你初中的时候对我这么恶劣，因为我当时有证据的，有一次他们推了我一把，我腰上留了一块疤。他们三个人都否认了。他们都说这件事情是其他人做的，这件事情他们并没有责任，他可能就是一个旁观者，或者说一个不负主要责任的人。他们都会跟我说，当初是另外一个人说要欺负你的，当时是他发起的。但是每个人都这么讲。

访问者：他们都不会觉得是自己主动去想要伤害你的。

受访者：对。他们以这样的一个团体，对班上的几个同学轮流欺负。应该也不是说就针对一个人，也会对其他的一些同学有一些不那么严重的欺负，类似于重点欺负一个人，然后其他人就轻一点。

访问者：你刚刚提到中间有一个女生应该算是你的朋友，她在他们的团伙里边，她加入之后还会跟你打交道吗？

受访者：不是，我们之前是同桌，我们做了挺长一段时间同桌，我跟她关系挺好的，其实我也没想明白为什么她也开始（欺负我）。我能记得的一个事情就是，她跟一些女生在一起玩的时候会突然有一个人过来踢我一脚，然后后面就是几个人站成一排，让我去选一个到底是谁踢我，但是我选谁，每个人都不会认，反而就是一起来欺负我。

访问者：那在整个事件的过程中，有没有其他身边的朋友了解这件事情，他们进行过干预吗？

受访者：我初中的时候是没有的。我能想到的干预有两件事情，一件事是，我搬离了那个位置以后，有人特意地跑来跟我说，是其中哪个人说了那个男生身上有味道，帮你洗刷了冤屈。还有一个就是有一个男生跟我讲，初中的时候班上有一个男孩子喜欢我，他去告诉他们，不要做得这么过分。

访问者：就是有这两个同学算是帮助你了。

受访者：第一个我不觉得算是帮助我，第二个算是帮助我。

访问者：那其他知道这些的同学都是什么态度？

受访者：我们班上都是一堆人跟一堆人玩的，有些人是比较简单的好学生，他们对班上所有的事情都不太关注，这部分人是没有什么态度和反应的；还有一批的话，知道其中一些情况，他们没有对我有任何帮助。

访问者：欺凌者只是一个团伙，没有再多的人加入他们？

受访者：对，主要还是那几个，没有到全班。

访问者：那欺凌在整个初中是怎么发展的呢？

受访者：一开始的话，初一的时候并没有这样的事情，初二以后，事情开始严重，我想说这件事情其实就是我们老师引起的。

访问者：为什么这么说？

受访者：因为是这样的，我初中的时候上的是整个学校里面最好的一个班，我们老师采用的是高压式管理。他鼓励同学之间相互举报，他这个人性格有点极端，如果有一个人他特别不喜欢，他会在一学期里面反复针对这个人，包括上课的时候，无论你在做什么，他就一定要说你是在开小差，或者一定要让你把当时的事情（在做的事情）报告出来。我初中的时候不自主地会转笔。他每次看到我转笔就都会停一下，大概5~10分钟，每一次他都会长时间地盯着我的眼睛，就是想让我认错，我觉得我没有什么错，他在我的眼神里可能也看不到什么羞愧，我们两个会对峙一会儿。

访问者：老师的教育方式是怎么跟欺凌联系起来的呢？

受访者：因为有一段时间他针对我以后，他的女儿也在班上，他女儿就会带头欺凌，这算是导火索。我一直觉得，霸凌的人他身上可能还是会有一些特质的，有可能是老师这样的一种针对，让班上的人认为欺负我是班主任的错，或者说既然我们班主任的女儿都已经有这样的一个行为了，我们是不是也可以模仿一下，毕竟她跟老师关系不好。

访问者：所以一开始，其实是老师的女儿带头的？

受访者：对。但是，老师的女儿其实就是一个导火索，后边她没有参与了。因为时间有一点久远了，我记得并不是那么清楚了，但是的确是从老师开始的，在课堂上在课后或者说他从窗户那边经过的时候，开始表现出对我的针对以后，其他同学霸凌的事情才出现的。

访问者：事件是到初三毕业才结束的吗？

受访者：没有。我之所以这么确定肯定有老师的原因，是因为后面霸凌结束也和老师有关。我们初三举行了一个模拟考，我当时考上了这边最好高中的提前批。老师出于私心，把成绩不好的同学安排在已经考上高中的同学的位置旁边，因为当时霸凌我的同学差不多都是坐在我的周围，所以换座位让我脱离了座位环境，我的位置也搬到前面了，可能也能反映出老师的态度，就是说我现在是能考上重点高中的人了，如果你们对我有什么行为，可能老师还是会在意一点。霸凌的主要对象转向了另外的一个女生，对我的霸凌基本上就是在那个时候结束的。

访问者：老师对你的照顾是怎么影响到霸凌者的？

受访者：第一是调位置，第二是他们转移了对象，还有一个就是坐前排的都是我们班成绩好的，其实跟霸凌者有一个群体上挺分明的区别，霸凌者不会去欺负前排那些成绩好的学生，他们觉得当你去了前排之后，你就不在他们的范围内。

访问者：在从欺凌事件开始到结束，你自己寻求过朋友、家长和老师的帮助吗？

受访者：没有。老师有，我之前不是跟男生打了一架，还撕了人家的书。这一次算是一个爆发点，我撕了他的书，我当时穿了一件外套，衣服好像还被撕掉了，我很生气，当时还在气头上，我就去找老师，跟老师讲，我们班的男生怎么欺负我，他们给我起外号，他们冲我吐口水，我们老师表示他会处理这些事情。然后后面的事情其实很戏剧，男生到办公室以后就拿着那本被我撕掉的书给我们老师看，说这不是单方面的霸凌，这是两个人的互殴。就是说我也有过错，然后我们老师口头上批评了他们几句，没有实质性的惩罚。而且当时跟我打架的那个人，恰好对我的欺凌比较缓和，我可能就是当时挑了一个软柿子捏，他其实也没有太多霸凌的行为。我腰上的那个疤，其实是他当时绊我，但是他也没有想到我会摔到地上，摔得那么严重，看我摔倒，他也立马跑过来把我扶起来了，他可能是一个参与者。他就跟老师讲，我也去撕了他的书，我也跟他吵了架，所以这是我们两个人的矛盾，而不是说霸凌，并不存在他单方面的欺负我。然后我们老师本来就不喜欢我，他就让男生回去，留下我一个人，然后他上来第一句话就说，我给你妈妈打个电话，你考虑一下转班可以吗？我当时听到这话，我第一反应是好，我想转班。

我们老师认为转班对我来说应该是一个非常大的胁迫，因为我当时上的是一个尖子班，班上要不然就是成绩特别好，要不然就是靠关系进来的。他觉得转班对我是一个很大的威胁，如果这件事情闹到我爸妈那边去，我爸妈肯定会骂我。他没有想到我会说好，因为我当时真的很想脱离班级，无论是他还是班上同学都给我一种很难受的感觉，所以我说好。我们老师没反应过来，他就继续说为什么他们欺负你不欺负其他人，肯定是你自己身上有一些原因，你就不去搭理他们，他们就不来劲。他甚至跟我举了半个小时的例子，邓小平三起三落，然后让我去学他的心胸。我印象很深刻，因为这个事情我跟很多人都讲过，我初中时候真信了他那个话，然后我还发了一条空间说说。

访问者：你是觉得老师当时的这种教育让你不那么在意那些人的欺凌吗？

受访者：我真的觉得当时可能给自己一个自我安慰的方式，因为霸凌事件给我精神上带来了蛮大的伤害。很多事情都是在我后来去回忆这件事情、反思这件事情的时候得出的一个结果，当时老师的确也没有做一个正当的处理，他甚至也没有到班上警告那些男生，他只是单独想把我留下来，然后去跟我说这样的事情，他只是想压制住，让我不要再去追究这件事情，他并没有做一个很正当的处理。

访问者：除了老师跟家长，还有其他的朋友知道这件事情吗？

受访者：有，到后面我换了位置跟班上成绩蛮好的一个女生坐在一起以后，那个女生会写小纸条跟我讲，说那些人做的事情很过分，说你不要去理他们了。我当时非常感动，然后一直认为这个女生是我初中时非常好的一个朋友。其他朋友并没有在我这件事情上起到任何的作用。

访问者：也就是说整个欺凌大多数都是你自己去面对的。有没有比较大的身体上或者心理上的伤害？

受访者：我不知道这个事情是不是它们引起的，但是的确跟那段时间是有关系的。一开始是我睡觉的时候会有"鬼压床"的情况，我现在学了心理学，我知道中间还有发作性睡眠，有梦游，那段时间我的睡眠状况奇差，非常非常的糟糕，心境也比较低落，但是没有到抑郁，主要是体现在睡眠上。我会每天做噩梦，经常"鬼压床"，"鬼压床"的那种感觉是非常恐怖的，甚至会出现幻觉，我醒来以后感觉有人站在我的床头，对我造成了很大的惊吓，所以那段时间我都是开灯睡，之后大概到大学毕业一两年以后才有一个真正的缓解。因为现在我又回到老家，又睡我读初中的那张床上，我晚上又开始开灯。

访问者：当时的欺凌事件持续了多长时间？

受访者：有差不多一年，我记不太清楚。当时我周围的人会把我当一个透明人，或者说突然跟我说一些非常难听的话。当时班上的女生评价我的穿着，说"什么地摊货？"，会去模仿我的一些动作，比如说我有时候是在拉我的衣服，有人就会在后面模仿我拉衣服的动作。

　　访问者：欺凌事件对你后续的影响是怎么样的？

　　受访者：到高中，人的性格可能就会比较防御性、比较敏感，甚至有些人就在我后面笑，我都会非常敏感。我大学的时候，当时在班上也有一个朋友，我给他们表现出来的就是我这个人非常喜怒无常，会对他们发脾气，或者做一些莫名其妙的事情，比如说会因为一件非常小的事情，从学校教室的楼上追下来，去向他们道歉。这是我能回忆起来的，当时可能也会自卑。主要有朋友，有朋友是一件非常感恩的事情。直到我大学毕业后一两年，我仍然经常会陷入在友谊上面非常糟糕的状况，我可能会去找一些并不合适成为朋友、或者说我们之间的三观或行为或价值观不太合的人做朋友，然后起冲突，至少在大学毕业前都是这样子，我对交朋友的容忍度非常高，但是我在实际的相处中没有办法做到真的去忽视掉我们之间的矛盾。

　　访问者：就是说当时高中心态还没缓和过来，到大学的时候跟朋友交往的方式也会受到影响，是吗？

　　受访者：对，但是完全归因于我被他们霸凌，也不那么绝对，因为我小学有多次转校的经历，我本身就没有什么朋友。因为我一直转校，所以不会有长久的朋友，我小学可能班上的同学就会有一点欺负我了。当时也只有一个比较好的朋友，所以这也是有可能的，我对交朋友标准非常没有底线。但是的确因为被霸凌，我整个人会比较自卑。

　　访问者：你的心情发生转变大概是从什么时候开始？

　　受访者：高中还是会心情比较低落，甚至会吃不下饭。我也很难讲清到底是到什么时候才正式结束。我大学的时候都有过很长一段时间心情非常低落，差不多有一个月的时间。我那个时候可能符合抑郁的标准，食量突然减半，晚上睡不着觉，对任何事情都没有想行动的动力。但是我很积极地自救，包括我去做任何能让我开心起来的事情。前面很长一段时间都是哪怕我去做我开心的事情，我还会去想起当时的创伤，依然不开心，直到我过生日，我的三四个朋友一起过来跟我去吃东西，然后我们疯狂去讲同学的坏话，讲八卦和班上同学的坏话，那天晚上非常开心，好像症状一下子从那个时候好转。完全地放下心结，应该是我大四的时候，我开始学习心理学，然后我有很长的一段时间没有任何的社交，我当时只是去图书馆学习，当时没有社交上的刺激，我又会去反思这些事情，对我的影响可以说是从那个时候结束。交朋友无底线是从我毕业一年以后，我的朋友开始提醒我说，你为什么会去交往一些其实不应该去交往、或者说你会让他们去伤害你的朋友。之后我刻意对自己做一些行为上的训练,有些事情哪怕没有那么让我生气,我觉得我也不能再延续我之前的模式。

访问者:现在回想之前的欺凌事件,你有什么感受吗?

受访者:我现在的心情还蛮平静的,刚才跟你讲的时候,有一点情绪的变化,到现在,其实对我影响也就还好了。我想学心理学的原因,就是想去帮助在家庭上或者说在学校里面曾经受过像我这样的伤害的一些人,去帮他们走出困境。

访问者:如果现在回想起之前欺凌你的人,又是什么样的感受呢?

受访者:这个时间太久远了。我记得其中一个男孩子,我觉得对他还蛮有好感的,也不是特别有感觉了。现在我没有原谅他们。

访问者:你有什么希望对欺凌者说的吗?

受访者:应该会说:"你知道吗?你们连大学都没有考上吧?现在有几个人是大学没有考上,就只是初中毕业?"

访问者:如果回到当时的话,你又想对当时的自己说什么?

受访者:我那时候有一个想法,我可能会早早因为一些心理上的问题导致的生理疾病死掉。想告诉她的话就是,年龄越大,一旦摆脱掉那些阴影,你的日子真的会非常的好。

访问者:好的,非常感谢你的分享。

给学生个人的指导建议

写给学生的话

我们很容易在面对欺凌时,对自己产生怀疑,虽然心里很难受,但是又不确定自己面对的这件事算不算校园欺凌。这种怀疑不仅仅来源于我们对于欺凌的理解和认识并不清晰,其实还有隐含的一个心理因素,就是我们其实并不愿意承认自己就是被欺凌的弱小一方。

当我们自己不确定的时候,还有可能遇到别人对我们说:"不要小题大做""这没什么,只是开玩笑罢了""小孩子之间打打闹闹很正常,不要在意"。

但是这些声音其实都只是别人的看法罢了,我们还是要在内心,让自己的声音强大起来。欺凌和同学之间发生冲突是非常不同的。欺凌中发生的打人、骂人等不好的攻击行为,是对方故意为了带来伤害而采取的行动,这些欺凌行动还有可能会持续地、反复地发生。

欺凌的关键在于"别人确实做了什么让你感到不舒服",而不是"你觉得别人做了什么或者想做什么,你自己的这种猜测/想法让你感到不舒服"。

今天可以做的事

阅读以下两个场景:

1. 小李走进教室,看到小王和小张在说话,具体说的什么听不清楚。小李感觉他们看了自己一眼,心里感觉他们两个人在谈论自己。小李想要和他们理论,可是这时候上课铃响了,小李还是在回想那两个人谈话的情况,于是他和自己的同桌小红说了这件事。等到下课的时候,半个班的同学都听说,小李要找小王和小张打架。

2. 小李走进教室,小王和小张叫他的外号,还推翻他的椅子。小李想要和他们理论,可是这时上课铃打响了,小李还在回想那两个人做的事和说的话,于是他和自己的好朋友说了这件事。等到下课的时候,半个班的同学都听说,小李要找小王和小张打架。

请你比较一下上面两个场景,它们有什么相同之处?又有什么不同之处?

你自己有没有经历过这样的类似的情境呢?

请按照以下两个提纲,分别描述一个自己经历过的事情或者设想一个场景。
1. "别人确实做了什么让你感到不舒服"。
2. "你觉得别人做了什么或者想做什么,这种猜测/想法让你感到不舒服"。

给家长的指导建议

写给家长的话

与孩子讨论校园欺凌的案例,可以帮助孩子了解校园欺凌的类型和危害,识别校园欺凌。只是在选择要讨论的案例时,需要注意不能只选择那些新闻报道中涉及严重身体伤害的情况,这可能会给孩子一个错误理解,把其他轻度的校园欺凌误以为是可以接受的小事。

今天可以做的事

请家长参照下表中描述的事例,和孩子探讨什么是校园欺凌,可以大家各自发表意

始计篇——做好思想动员,建立原则框架

见，给每个事例进行评分，然后说明为什么做出这个判断。没有标准答案，可以鼓励孩子进行开放性设想。

事例	是否符合校园欺凌 （0～100%符合）	为什么
小李把一条虫子放进了小王的书包，小李明明知道小王非常害怕虫子		
小李看到自己的考试成绩，非常不高兴，把自己的铅笔盒摔在地上，发出很大的声音，把正在午睡的小王吓了一跳		
小李在吃饭的时候朝着小王的饭盒打喷嚏		
小李偷偷拿了小王的水壶，向水壶里加生水，还加了一点点沙子		
小李的父母离婚了，小王把这个消息告诉了全班同学		
小李的父母离婚了，小王把这个消息告诉了全班同学，小李生气地用铅笔把小王的手扎破了		
小张和小王不肯和小李说话，不肯和小李一起玩、一起走路		
小张和小王放学后见到小李就躲开，不和他一路回家		
小李在班级足球队里担任前锋，小王给他起了一个外号，叫作"跑不死"		
小李在班级足球队里担任守门员，小王给他起了一个外号，叫作"手太短"		

家长可以在这些案例讨论中和孩子进行引申讨论，特别是针对那些有争议的例子，可以进一步探讨假如发生什么就算校园欺凌，假如发生什么就不算校园欺凌。

给老师的指导建议

写给老师的话

关注校园欺凌中的不平等权力关系是理解校园欺凌问题的关键基础。不平等权力关系代表着不尊重、对立、恶意等侵蚀人际关系的不良习惯。而反对校园欺凌的重要基础是引导学生理解什么叫作和谐的人际关系，如何理解平等和彼此尊重。

今天可以做的事

开展一次和学生的非正式讨论，了解学生对于和谐人际关系的理解，对于何为平等以及尊重的意义。请注意，建议这个讨论以和部分学生在课下进行小组讨论的形式开展，通过多个小组陆续了解全班同学的状况和态度，而不是一开始就用一个正式的班会课程。正式的课程场合会导致学生不能畅所欲言表达自己的观点，而非正式讨论会为之后的正式班会课打好基础。

讨论提纲：

1. 大家觉得自己未来生活的世界会是什么样子的？你希望它是什么样子的？
2. 你希望那个未来的世界中，你每天是什么感觉？
3. 在我们的教室里，你每天希望是什么感觉？
4. 如果我们大家一起制定一个和谐公约，一起来创造出这个大家都喜欢的教室环境，你觉得我们可以约定些什么事情？
5. 请给我一些具体的例子，来理解你说的期望写入公约的这件事好吗？比如什么叫作彼此尊重？什么叫作对人友善？

给学校管理者的指导建议

写给校长的话

如果整个学校管理层和全体老师从来没有正面系统地开展过针对校园欺凌的讨论，那么这个学校几乎不可能做好应对这个复杂问题的准备。每个人心目中对于什么是校园欺凌，甚至于对待校园欺凌的态度都有可能存在很大的差异。而如果在学校管理层以及老师身上不能够统一认识，就有可能给学生传递彼此矛盾的信号。学生在面对校园欺凌时，第一个想到的求援对象往往就是老师，但如果老师给出的应对信号包括传递的态度不统一，这种模糊就很可能对学生造成迷惑、困扰，甚至加剧校园欺凌的发展和造成的伤害。因此，整个学校都应该针对校园欺凌进行讨论，引导全体老师重视校园欺凌，并做好准备形成一个基本共识作为应对校园欺凌的基础，从整体上指导如何开展预防、教育、探查和事后应急处理工作。

今天可以做的事

开展一次全体老师或班主任参加的校园欺凌主题研讨会。安排以下主题内容:

1. 讨论校园欺凌会对学生、班级和整个学校带来哪些危害。
2. 讨论校园欺凌与本校希望帮助学生培养的价值观有什么冲突。
3. 讨论本校现有制度中有哪些和管理校园欺凌有关。
4. 校园文化中的哪些特征可能会有助于反对校园欺凌?又有哪些特征可能会造成对校园欺凌的默认、酝酿甚至是鼓励?
5. 安排哪些人共同负责起草一份政策宣言,表明本校对于校园欺凌的态度。

主题研讨会的具体成果:

在达成共识的基础上,形成一份基础的政策宣言,表明本校老师群体对于校园欺凌的态度。

应对校园欺凌的"孙子兵法"

作战篇
——深度剖析现象，设定具体目标

应对校园欺凌的"孙子兵法"

在确立了与校园欺凌现象作斗争的决心之后，我们需要冷静客观地深度剖析这一现象，从多个角度全面地理解，并把决心变为具体的政策。如果我们能够了解校园欺凌一般的事件发展规律，如果我们能够了解校园欺凌中不同角色当事人的常见心理状况，这些理解都能够帮助我们将决心落实为一个一个具体而可执行的努力目标组成的应对政策。对于个人，想要在面对校园欺凌时保持内心的希望，不被绝望所压倒，也需要做这样的目标梳理工作。因为所有的希望和乐观，并不是依赖于当前的生活是否顺利是否有困难，而是依赖于我们对于过去、当前和未来的状况是否有清晰的认识。头脑中有路线图，心中就会少些慌乱，也就不会轻易被绝望压垮，放弃自己的努力抗争。

在尝试深度剖析校园欺凌现象，设定具体目标的时候，我们需要回答以下的问题：

所谓全面理解校园欺凌事件，可以从哪些角度分析理解？

校园欺凌中的受害者、欺凌者以及旁观者这些角色有什么心理特点？

从多个角度理解校园欺凌事件

校园欺凌事件不论是言语暴力还是身体暴力，不论是严重还是轻微，在五花八门的表现之下，却有着一个基本的结构框架。理解任何一个校园欺凌事件，都可以尝试依靠一下这个多维度模型来进行思考。

◎意图（精细谋划、特意为之、临时起意、有意识、无意识等）
◎伤害（身体疼痛、心理恐惧、压力、孤独感、成绩受干扰等）
◎背景（孤立事件、借助某文化习俗、借助某官方规则）
◎重复性（一次、多次、持续不断）
◎时间跨度（单日、月、学年、学段、长期）
◎不平等权力特点（个人力量、社会地位、群体压力等）
◎诱发（无激发、有激发等）

所谓意图，就是指实施欺凌行为一方的内在动机。最恶性的就是为了个人利益或者个人的心理满足，有目的、有预谋、处心积虑、详细规划实施欺凌行为。其次是意识到自己的动机，意识到自己的选择，故意去做出欺凌行为，但不一定有长期详细的计划。

最后则是在某种场合，临时起意，故意欺凌别人，虽然是明确做出的选择，但是自己未必意识到自己为什么要欺凌别人。当然还有人没有意识到自己的选择，习惯性地做出了行动。

所谓伤害，就是细致地区分校园欺凌给人们带来的伤害，最常见的当然是给对方身体带来疼痛或损伤，另外也有在心理上带来恐惧、压力，在社交上让对方孤立等。在国内也曾经出现过因为嫉妒对方的学习成绩排名，而刻意通过损坏对方学习资料、干扰对方填报志愿等方式，给对方的学业成绩直接带来伤害的例子。

所谓背景，就是指校园欺凌事件与它发生的校园环境、社会环境中文化习俗以及社会规则的关系。大部分校园欺凌是孤立的，违背一般文化社交礼仪、校规校纪和社会法律制度的。但是也会有一些校园欺凌在特定的背景中出现。比如日本和美国有一些学校在新生入学时会有一些文化习俗流传而成的仪式，而如果有人混淆仪式中的某些行为，借机对别人施加身体和心理伤害，这就成为借助某个文化习俗而发生的校园欺凌。还有可能会存在一些借助官方规则的校园欺凌，比如2015年新闻报道披露某地一名小学生，担任副班长受老师委托检查其他同学的作业和背书情况，而他借机向同学勒索钱财。这就是一个借助官方规则而异变的欺凌事件。

所谓重复性和时间跨度，比较容易理解，都是在区分欺凌事件在时间上的特点。

所谓不平等权力特点，是指有些欺凌者依赖个人身高马大来施加欺凌，也有人借助自己在班级中或者在学校所在地的社会地位，还有人则是借助拉帮结派形成的群体来让自己处于强势地位。

所谓诱发，是指有很多欺凌事件没有外部的诱发因素，单纯是欺凌者主动做出的。可是也有一部分欺凌事件是有明确的诱发因素的，比如校外人员或者高年级学生做出了索要金钱的欺凌行为，而这导致低年级的学生威胁同班同学收钱。还有另一种情况就是欺凌者与受害者的角色转化，比如我总是被张三叫外号，于是我决定报复他，把他打了一顿，而且以后只要见到他就打他。这就属于有诱发的校园欺凌事件。

案例访谈

访问者：好，现在我们就正式开始，首先我需要了解一些你的基本信息。性别男，你的年龄是？

受访者：1994年（出生）的。

访问者：好，你现在是在读书还是工作，大致情况可以跟我介绍一下吗？

作战篇——深度剖析现象，设定具体目标

受访者：我工作两年多了，2017年毕业的。

访问者：好，接下来就要问你一些有关欺凌事件具体过程的问题了，如果你有任何不适的话，在我问的过程中，你就可以打断我。首先第一个问题是，欺凌事件它是发生在哪一年？

受访者：幼儿园、小学每一年都有吧。当初我真的是属于那种在村里面比较被人看不起的那种，我们家有兄弟姐妹8个人，我哥他们也是经常会被欺负的。不知道是不是在别的地方也会，但是在农村，小学会经常打架什么的。而且我爸的名字也比较奇怪，然后（我）就被人起绰号。

我哥他们也经常被人家欺负，我哥他们就在家里养鱼什么的，拿来给人家邻居卖，但是那些同学就说送一些鱼给他，他们就要打我哥他们。我也是被人起绰号，但是毕竟我是家里最小的一个男的，我家里所有的人都没上过大学，就只有我上大学，就是因为我是最小的，家里压力也比较大，我也是忍了下来的那种。当初，像我哥他曾经也是被几个人打到进医院了，我爸经常去学校跟校长沟通。校长的态度也不是很好，他们就说反正你这小孩又不好读书，又经常跟人家打架。其实我们都是被打的，但他是校长，见我们读书又读不会，人家都不想管，他说你们干脆就不要读书了。反正有学校老师的原因、校长的原因。他们反倒觉得反正你都读不会书的孩子，经常惹事的话那还不如就不要读书了。其他的你还有什么要问的吗？

访问者：好，你一开始跟我讲的是从幼儿园到小学，每一年都会遭受欺凌？

受访者：对，语言上、打架都有，要么就是一群人把你围着。我见过有一个同学，他家里是离异的，然后一大堆同学就在嘲笑他，说他妈妈跟人家跑了什么的，搞得那个同学都哭了。反正我小学的环境就是这样嘲笑来嘲笑去的。我记得幼儿园的影响还是比较小的，主要是怕老师的孩子，幼儿园里面有一个老师的孩子比较凶，他会经常欺负别人。

访问者：就那一个小孩欺负你还是？

受访者：对，其实他长得不是很壮，我们年纪相若，但是他给我们这些同学的感觉就是，他爸爸妈妈在幼儿园里面是老师，就是给人一种权势压人的感觉。

访问者：他是欺负很多人，还是只欺负你一个？

受访者：对，是欺负很多人，很多人都怕他，比如说他经常跟人家小打小闹，他也可以把人家的脸给抓花。

访问者：他对你的欺凌主要做了哪些？

受访者：他对我的影响还不是很大，主要是他给人的、给我们这些人的感觉，有一种权势压人的感觉。

访问者：好，他在幼儿园里这样子的行为有人知道吗，比如说老师？

受访者：老师知道，只不过这种就是当作小孩之间的冲突，很多大人也不会怎么去在乎这种事情。尤其是幼儿园那么小，我说的是那种大环境下，幼儿园影响还是有，但是比较小，主要是小学，三、四年级那种印象就比较深，三、四年级和五、六年级。当然不是说每天，只不过是有那种环境之下的那种压抑，而且我曾经在受到，经常，就像你所说的，我突然不知道，难以启齿的感觉。就是有一段时间我被欺负多了，经常一下课就被人在旁边起绰号什么的，我都会幻想说，假如我那个时候，可能有些人会觉得有点好笑，就是我会幻想我要是有像超人那样的能力那就好了，至少我不欺负他们，但是当他们欺负我的时候，我可以进行防御、自卫。

访问者：为什么你会在小学六年中一直受欺负，是因为身边一直是同一个班级的同学没有换过？

受访者：对，我们小学是不会有换班级的。

访问者：所以就一直是那一个班的人，六年里？

受访者：对，其实我跟你说，在小学，尤其是在我们那里，我不知道其他农村的地方会不会，这种互相嘲笑和欺负谁，时不时地欺负一下，是很常见的事情。

访问者：它不是只发生在你一个人身上的事？

受访者：对，绝对不是发生在我一个人身上的，所以有段时间我曾经会幻想说，假如我跟他们那些同样受过欺负的人，可以组成什么队啊，有一个强大的队伍啊，然后可以保护自己，不用受其他人的欺负，那该多好。

访问者：你还记不记得一开始他们是为什么开始欺负你的？有没有一个诱发的点？

受访者：有一个原因就是我们家庭。除了农村那种嘲笑来嘲笑去的氛围之外，还有就是因为我们的家庭也算是有点穷。还有一个原因就是我哥他们被欺负了，延续下来的话，我也会接着被欺负。还有就是，因为我爸名字有点奇怪，我刚跟你说了，那些人会喜欢给人家起绰号的嘛。或者是，甚至，虽然说你现在觉得很奇怪，但是在以前来说，那些人，比如说他知道你爸的名字叫什么，即使他没有歪曲你爸的名字，他喊出来依然会觉得很爽的感觉，更不要说他把我爸的名字拿来歪曲了，然后又根据我爸的名字又给我起绰号什么的。

在暑假或者是在外面遇见了，人家也会喊你的绰号，或者是人家几个人觉得看你不爽，他们也可以欺负你，甚至说我走过隔壁村的时候，我走到他们的寨子，对，在我们那里，比村更小的那就是寨嘛。我走到他们的寨的时候，他们都会。有时候我们都不敢，以前我们都不敢走到其他的寨子那里去。它不像广州这些大城市什么的，开个幼儿园，家长都互相不认识，小朋友之间家人都互相不认识，但是在农村一个村子里面就那么一个小学，整个村子大家很熟悉是很正常的。

访问者： 好。班级里那些欺负你的人，他们大概有多少个人？是一个团体还是说只有几个人？

受访者： 团体。一般都是三五成团，都是欺负我的，都是那几个人。

访问者： 比较固定的那几个人？

受访者： 比较固定的那几个人，那几个人就成绩又不好，不想学习，又爱打架什么的。

访问者： 他们每次都是怎么欺负你的，除了你刚刚说的嘲笑你的家庭、你爸爸的名字，还会有其他的哪些行为？

受访者： 推，推你一下，我记得有时候还故意把我的拖鞋踢到别的地方去，刚好那个时候被老师发现了。

访问者： 就损坏你的物品也会有？

受访者： 对，或者说我走过这条路，他就不让我过，班级里面不是有几条道嘛，我走这条道他就不让我过。或者有些人他就说我要叫他哥、叫他什么的，有些人就是这样。

访问者： 比如说不让你过那些，是他们就故意等在那的，还是说遇见你了，然后就这么做？

受访者： 遇见，遇见就会这么做。故意等的话，他们就觉得反正欺负你确实很高兴，但是又不是说专门去针对你，有时候就欺负你一下，他们就觉得很高兴。

访问者： 你觉得在你看来他们欺负你的动机就是为了好玩，为了取乐，然后也没获得其他好处。

受访者： 一般都是取乐。

访问者： 就是为了高兴？

受访者： 对，其实当我长大的时候我才发现，从这种状态中我去分析了我自己，后面我也学会了去欺负别人。因为当我发现我被别人欺负了之后，我只能去欺负别人。

访问者： 是什么时候开始的，你这样子反过去去欺负别人，也是在小学吗？

受访者： 五、六年级吧。对，当然初中、高中肯定不会。在小学的时候我也是跟着别人一样去欺负别人的。当然我不会说专门去，像他们那样过分去打人什么的，只不过说当别人给人家起绰号的时候，别人喊我也会跟着喊了。

访问者：有点跟风那样去欺负别人是吗？

受访者：跟风？其实我觉得跟风是其次，当一个人他周围的人都对你这么做的时候，你又无法去反抗，你会有那种心理，觉得，说得不好听就是变态了，觉得自己只有跟别人去欺负别人，你才会有一种心理平衡。

访问者：有一点点那种报复心理，有这种感觉吗？

受访者：有一点，也有一点是报复也不叫报复，就叫平衡，可以说是一种平衡。当别人欺负你多了之后，你有时候欺负别人，你也会觉得这种感觉……

访问者：好，在你欺负别人之后，你还是继续地被别人欺负吗？

受访者：对啊。

访问者：好，你在那么长一段被欺凌的经历里，有没有受到什么比较严重的身体上的伤害？那种肢体冲突多不多？

受访者：打架，被打，有啊，只是我忍了，或者说有时候真的我跟人家打架了。

访问者：严重吗？

受访者：有啊，还好吧，不是很严重。但是有受伤。

访问者：但是有受伤？

受访者：受伤，不严重，小伤而已，皮外伤。因为伤没有像我哥那样严重。

访问者：你哥哥比较严重？

受访者：他都内伤去吃药了。

访问者：那真的很严重。我刚听你说不止被打也有打架，意思是说也有那种你比较反抗的互相冲突？

受访者：对，人家打我我要打回去。

访问者：好。就你在这么长一段被欺凌的过程中，每次被欺负了，你会怎么处理？就只有忍着，还是说也会跟朋友倾诉，告诉家长、告诉老师这样子？

受访者：忍啊。告诉老师啊？也有的吧。

访问者：会告诉老师？

受访者：告诉老师，怎么说，当初我的老师对我还是比较好的，毕竟在我们那个地方，那个时候成绩稍微可以的老师还是会负责一点的，只是有时候我脸皮没有那么厚，觉得打架或者被打的话，就只会在那里哭。那个时候老师看见了就蹲下来问我，怎么了，然后那些人就被叫去处理了。

访问者：但是第二次还是继续？

受访者：会的，只不过说程度会小一点。但是像那种谩骂啊，经常喊你外号啊，这种是很经常的。你不可能说人家一喊你外号什么的，你就去找老师，是吧？而且老师也不一定会管。人家说你个外号，你就经常去找老师，找老师老师也会处理，但那些人在那种环境之下，你跟老师说了，老师真的这次会处理他，他下次还会继续说。

访问者：他们被老师叫过去，是被叫家长，还是说就被骂、被罚做一些事情？

受访者：我跟你说，在我们那个时候，像这种，除非打架才会叫家长。而且如果只是轻微的打架而已，不会叫家长，不一定会叫家长。如果你就只是骂同学、叫同学外号，这种是不会叫家长的。而且校长自己也说，我们家那么多人怎么会被人欺负，他自己不相信，即使他相信他也不想管，他觉得反正就是一堆！不怎么爱学习，读书又不会，又会惹事的，还不如直接叫我们去打工算了。

访问者：也就是说他们的家长可能不知道自己的小孩在学校里那么欺负别人？

受访者：对。他们有的人甚至有时还会觉得或许他们的小孩被人欺负的。

访问者：所以那个惩罚都是比较轻的，你每次告诉老师之后？

受访者：是啊，即使老师愿意护着我。哪里像现在有微信群什么的，一不高兴就在家族群喊这个喊那个。以前好像也不一定有电话吧，顶多打架了，就留你在学校，留到五六点再回去。

访问者：然后他们每次可能被老师叫过去，只会消停那么一小段时间，又会继续欺负你？

受访者：对啊。而且像这种的话，老师比如说会拿个小树枝打一下什么的，顶多就这样。他们下次还是会犯的。叫了家长的话，你说像这种口头欺负人，叫个家长，可能有些家长也会觉得老师你小题大做，老师不会轻易跟家长说的，除非是打架。

访问者：你有没有在班里有什么朋友或者关系比较好的同学会在你被欺负的时候站出来帮你之类的？

受访者：有。

访问者：具体是怎么帮你的呢？

受访者：有时候虽然有一些人，他取笑我但是有时候我骂回去他是不会打我的，因为，毕竟，在我们那个地方，只要学习好，有一些同学他比较顽皮什么的，但是对于学习好的人他们还是有点敬重的。但是有些人就不一样，他们骂你，你还口，而且只要他们身材比较大一点，又蛮不讲理的话，那就会打人。有一次我就回了，然后差点就被打了。虽然有一些人他成绩不是很好，有时候也会口头上欺负我，但是他就劝架了，他说你干吗欺负这种人，或者是干吗跟他计较，然后就没有了。还有一些是他父母在学校当老师的，成绩也还算可以，他跟我是朋友，有时候他也会告诉老师的。有一些成绩比较好而且身材也长得比较壮的，跟我是朋友的话，有时候也会劝架，或者说，他碰见了，他也会阻止的，就是这样而已。但是像这种的话，人家总不至于会为了你跟别人打架。不过我倒是有一个朋友到现在还依然联系着，虽然他成绩很差，但是在小学的时候，别人打我，他曾经为我出头的。我们现在还联系的，但是他的成绩很差，也经常跟别人打架，但是他不欺负我。

访问者：是你的好朋友，但是可能也会欺负别人？

受访者：对。他也会欺负别人，但是别人欺负我的话，他会为我出头的，而且他成绩很差。

访问者：每次你这样被欺负的时候，会有很多人旁观吗？还是说大家都当没看见？

受访者：会，有些人不会欺负我，就看热闹。所以有时候，尤其是当初中老师讲起什么麻木的时候，鲁迅的文章有什么麻木的时候，我突然觉得我小学的时候过的那种麻木的生活。

访问者：所以你被欺负这个事其实全班都知道，老师也知道？

受访者：他可能知道一点点，我被欺负的时候老师会为我出头的。比如我只是上课脱鞋，我的脚只是放在别的地方，拖鞋离开了脚一点位置而已，就被踢到教室其他地方去了。然后老师知道了是那些同学的恶作剧，他就会教训。

访问者：老师只要看到了就会帮你？

受访者：会，但是我跟你说，在我们那个地方，你要是成绩不怎么样，像我哥那样烂的话，再打架，老师两个人都会处理，但是比如说他这个人被怎么欺负，被怎么谩骂、拖鞋被人丢到别的地方去，老师不怎么处理，顶多有时候就会骂你、骂另一个同学几句，也不会严重到说什么去找家长，或者是小题大做的其他。在老师眼中，反正就是哪个读书好、哪个成绩还过得去、哪个平时老师还看得还可以，老师肯定会关照一点。就是这样的。

访问者：所以在你们班上那些被欺负的同学里，其实你还是算有一点点幸运的，至少老师有时候会帮你，有的人可能就连老师也不管？

受访者：我跟你说，在被欺负的同学中老师帮我也是有的，但是我可以很直接地说，在我的班级、我的小学里面我是被欺负最多的，哪怕老师有护着我。

访问者：为什么，是因为你前面说的你的家庭，然后你爸爸这些原因吗？

受访者：对，而且在那种氛围之下，你看我哥都被人打到内伤了，反正人家就会觉得，你哥都被欺负成这样了、你家都被人欺负成这样了，何况是你，你也可以欺负一下，是不是？

作战篇——深度剖析现象，设定具体目标

应对校园欺凌的"孙子兵法"

访问者：你每一次那样被欺负完之后，你的表现是什么？是因为你比较克制，所以大家不觉得你非常受伤？还是说大家就是觉得这是一种很无所谓的事？

受访者：我克制也有，但是人家也看得出我很受伤，有时候我被人说绰号说得都哭了，老师看见我在哭，他会问我，问我什么事，那个时候我都没跟老师说我为什么哭，我就说我只是心情不好哭了，老师说肯定是有事，你说嘛。你知道我为什么都没对老师直白地说吗？因为我哥的那些老师他根本就不管我哥他们，只有我的老师还会，我才明白老师还是对我挺好的。

突然我又不知道怎么说了，反正他们那种给人家起绰号欺负来欺负去，在我们小学那个时候，他们不觉得这是一种有多不正义、有多不道德的事情，他们觉得不就是开个玩笑，或者是跟你开玩笑，开多了，你生气了，两个人打起来了，或者是打你了。就这样，在他们眼里这不是很正常的事情嘛。但是如果有一个人他在那种情况下，被别人骂、被别人耍，但是想要反抗又担心害怕，怕打不过别人，怕被人像他哥一样打……小学几个人，有的人还说"放学打你、放学打你"，要问是有还是没有，有的人真的就会放学在校门口等你。以前最怕的就是，"放学在校门口等你，放学在校门口打你，你等着"。

访问者：真的会打，你被打过吗？

受访者：有。

访问者：就在校门口被打过？

受访者：对，或者说不严重的话就推你，就在校门口推你，有很多时候也只是恐吓。反正以前你说的校园欺凌事件里面，"放学在校门口打你"这句话真的是很多都会发生的。因为在班级里面打、在学校里面，可能老师就会处理了，但是比如说在校门口打你或者说在放学回家的路上打了你，可能就拜拜了吧。或者是他可以叫其他年级的人来打你，比如说你三年级，他可以叫四年级的来打你，你又不认识他是哪一个班的、哪一个年级的，老师又不认识那个人是谁，怎么办呢？还有比如说叫家长，家长又不认识那个人是谁。只能说有时候那些真的很维护孩子的人，他们会去学校门口等着那个人，说那个人到底是哪一个班的，再去找老师、找校长。

访问者：好，你的家长知不知道你受了这么久的欺负？你告诉过他们吗？

受访者：有时候会有，有时候没有。其实我爸也不知道我自己会被人欺负这么多，但是在他眼里会觉得这个也是很正常的，他们会觉得叫我不要理他，不要理别人。农村的家长，尤其是这种，他们都会觉得这个其实无所谓，人家给你起外号嘛又怎么样，或者说只是打你也不是很严重，人家就不去。我老爸他是不会经常去学校为孩子争取点什么的。还有我跟你说，他一开始确实是会，有几个人打我哥。但是后面他累了，他觉得他已经没有什么面子再去学校了，他被那个校长说得，说你家那么多小孩子读书又不会，干脆早点去打工。

访问者：你爸爸被老师这么说吗？

受访者：对，校长。所以关于我被欺负的事情我是更不会跟我爸说，说也没用，他只会觉得，我爸也有一点会觉得你真没用。

访问者：那会不会到后来你渐渐不说了？

受访者：因为他觉得，他已经为我哥跟人家打架的事奔波了很多次了，都没有什么好的效果，然后他只会叫我说多努力读书，他说，你读书好了，老师就会护着你。

访问者：所以你后来就不怎么跟他说了？

受访者：对，我后来就不怎么跟他说了，反正说了也没用。你看后面我哥跟人家打架，他就直接说，你去家里祖屋里面拿那些凿墙的铁棒，他说，别人几个人欺负你，你想怎么干就怎么干吧。有什么事情的话，你老爸帮你撑着，结果（我哥）他就把人家的头给凿穿了3厘米。

访问者：后面有家长找过来吗？

受访者：对，老师都来我们家了。校长派了代表来我们家了，他说双方都不要有任何赔偿，他说我们把他们的头凿成那样，但他们是几个人打我们一个。所以只能说大家都不要追究了。反正在小学里面，这种除非说像打架打成这样的，老师才会重视到说什么家访，不然的话只是轻微打个架，而且不是每天都打，或者是被欺负什么的，不会严重到老师去家访，或者是老师专门找你爸妈，不会的。

访问者：你在幼儿园还有小学受的这些欺凌都是因为毕业了，然后自然而然结束，还是因为发生了什么事儿，他们停止了欺负你？

受访者：毕业了，好像大家都长大了吧，现在可能人家都不屑于去喊我那个绰号了，而且人家也会觉得，假如他再喊我这个绰号的话，第一我不高兴，第二他也会觉得他很低智商了。所以我跟你说，小学就是这么忍过来的。

访问者：忍过来的，忍耐。好。你觉得你当时在小学受伤、受的欺凌对你心理上造成了什么伤害？

受访者：像我刚刚在谈话的时候，顺便就跟你说过了，可能你是一个一个问题问。一个就是羞耻感，感觉在跟别人相处的过程中，总有一种低人一等的感觉。第二就是不自信。

访问者：你在这个事发生这么多年后，你回想它的时候，你的心情有没有发生过什么转变？就是你现在回想欺凌事件，你是什么感受？

受访者：要说愤怒的话，倒不会吧，我觉得不至于，我的心情都毕竟平静了，愤怒倒不至于，但是如果说有那种沮丧吗？好像又不是。我也不知道怎么形容了。我不知道怎么形容，但是我有一种，至少有一种心有余悸。有时候一想起这种事情，我都会觉得有一种身体发麻发紧的感觉。

访问者：你现在回忆起当时欺负你的那些人，你是什么感受？

受访者：如果说我现在碰见了他们，要说恨他们，倒不至于，反正不太喜欢他们，不太想跟他们说话。如果说要我去原谅他们这种人的话，又觉得也不至于说不原谅，也不至于说需要去原谅他们，但是我只会把这种人放在一边，把这件事情放在一边。如果说当作什么事情都没发生的话，好像目前还做不到。但是你说去恨他们的话，不至于，就是不太想理这种人就对了。

访问者：好。如果让你现在想象一下，你会不会想对他们说什么？不想说什么也行。

受访者：我想对他们说什么？我突然我就想说，其实我真的有话想说，我想说你们大家当初傻□来的，还有一个就是好好做人，以后不要让你的孩子跟你们一样，傻□似的。

访问者：好，还有吗？

受访者：我反正就是觉得，就是真的想对他们说，你们是不是傻□来的。

访问者：如果让你想象一下，你会不会想对当时的你自己说什么？

受访者：想对当时的自己说什么啊。好像说，没什么，就是对于他们那些傻□的行为，如果就现在看的人来说，他们这些不过是一种傻□一起欺负别人的行为，是一种很傻□的行为而已。像我现在真的想对他们说傻□一样，既然我知道他们是一些傻□，那我又何必理他们呢。好像这个是我要对他们说的话，也是想对自己说的话，既然他们是傻□的话，那又何必去理会一些傻□呢。

我发现你一问起说我要对他们说什么，或者是如果要对自己说什么，我的手还有我的身体就有一种发麻的感觉。

访问者：你感觉又回到那个回忆中，是吗？

受访者：对，回到回忆中，还有我的手跟身体的肌肉都会有一种发麻发紧的感觉。你一问问题，我真的会回到那种画面。

访问者：会比较难受吗？

受访者：倒不会。

访问者：不会就好。也不希望你因为接受了这次访谈，对你的情绪产生一些不太好的影响。

受访者：不会。

访问者：好，问题应该就都结束了，今天也花了你蛮长时间的，我还是希望不会因为勾起你的回忆，特别影响你的状态，还是希望你可以从那个事情中走出来。

受访者：没有，我倒是希望勾起这种回忆。因为我发现每当我这种回忆一出来的时候，我只要在这种回忆中平静下去的话，我就对这种事情就会越来越平静。有一本书叫作《身体从未忘记》，你可以去看一下，不知道你有没有看过？其实以前发生的事情，只要是给你印象深刻的，尤其是创伤这种，其实你身体是从没忘记的，瞬间回忆起来之后，如果你再回忆，过后你能够很平静的话，那说明这个创伤就会越来越小，所以其实这个也是我愿意接受你访谈的原因。

访问者：好，它对你有帮助的话就好，我也会觉得比较欣慰。

受访者：好吧，谢谢。

访问者：也希望这对你来说也是一个有意义的事情，虽然我们是一个研究。好，可能访谈就这样了，真的很感谢你能够支持我们的工作，就不打扰你太多时间了。

给学生个人的指导建议

写给学生的话

当我们遭遇任何让我们不开心、感到不舒服的事情，一个很自然的本能反应就是问："是谁造成的？"不论答案是什么，这样提问把困扰归结到一个人身上，虽然有时候确实是准确的，但是却会让我们产生更多负面情绪，心里的不好受变得更多一些。"谁造成的？"这个提问会在我们心中自然激发更多的愤怒、不满，然后又会引诱我们想要发泄、想要攻击，当发泄和攻击得不到满足的时候，还可能让我们感到痛苦和绝望。

在遭遇或者目睹了校园欺凌时，我们要尝试冷静思考，防止自己直接陷入负面情绪的漩涡中。具体的方法可以尝试先来问问自己："到底发生了什么事？为什么发生这样的事？"在尝试回答这两个问题的时候，你可以试着写一篇日记。日记可以帮助我们记录生活中发生的事情，这种记录不仅可以帮助我们进行更清晰的思考，而且可以帮助你获得一些解决问题的启发，更重要的是，日记是属于自己的，可以让你把心里不舒服的事情都说出来，给自己舒缓一下心情。

今天可以做的事

请你尝试写一篇日记,记录一下你遭遇的或者目睹的事情,你可以按照以下这个提纲的线索来做记录。

请你尝试在写日记时做一些想象,加入一些幻想的情节。很多小说都是在真实事件的基础上增加了想象而创作出来的,你也可以试一试。这种想象也有助于我们调整自己的情绪。

日记提纲

什么时间?

什么地点?

谁在场?

谁做了什么?

我看到/听到/闻到/触摸到什么?

我心里有什么感觉?

增加想象情节的指导

如果你最喜欢的小说角色也在场,他会做些什么?

如果从你最喜欢的游戏中选择一个道具用到这个场景中,你会选择什么道具?用来做什么?

如果现在你最喜欢的电影角色在你身边,你想对他说什么?他又会对你说什么?

给家长的指导建议

写给家长的话

校园欺凌现象远比我们想象得更加普遍。我们不要上来就担心地逼问孩子是否遭遇了校园欺凌,而是可以采取迂回的、间接的方式,帮助孩子打破禁忌,不再对校园欺凌这个问题感到很大的心理阻力。

一个很好的方法,就是带着孩子一起,先针对校园欺凌这个话题,找一位孩子熟悉的亲戚朋友,可以是孩子的长辈或者同辈,最好是选择比孩子年龄大的人,做一次专门围绕校园欺凌经历展开的聊天,也可以认为是一种非正式的访问。

今天可以做的事

请家长先梳理一遍自己的亲戚朋友，按照以下的分类，逐步筛选，确定一个备选访问名单。

自己的孩子认识这个亲戚或朋友吗？	是	否
这个亲戚朋友求学经历和自己的孩子有没有相同之处？	是	否
这个亲戚朋友平时喜不喜欢说自己的事情？	是	否
这个亲戚朋友愿不愿意在被拜托之后，拿出专门的1小时？	是	否

在确定了备选名单之后，可以由家长先接触询问一下对方，是否经历或目睹过校园欺凌事件，最好选择有亲身经历的亲戚朋友作为聊天对象，预先向对方了解对方分享的意愿，并选择对方有充足时间的机会安排这次聊天。

在确定了聊天对象之后，向孩子说明，准备找哪位亲戚朋友做一次关于校园欺凌的聊天访问，告知孩子自己会陪着一起参加。如果孩子愿意的话，可以和孩子一起为访问做一些准备，给孩子介绍一下这位亲戚朋友的成长经历，并预先收集资料，了解这位亲戚朋友当年所在的学校情况、城市情况等背景。

在安排聊天的时候，不要选择饭局！不要选择饭局！不要选择饭局！吃饭聚会是中国文化中社交的最常见场景，但是这样的吃饭聚餐，基本模式就是家长和亲戚朋友之间成人的对等交流，大部分孩子已经习惯了在大人在场的饭局上，不说话玩手机。所以要打破这种惯性，要避开饭局的形式。

建议考虑以出游远足的方式，或者是共同去参与一项体育运动的方式来创造见面聊天的机会。然后在远足或运动后的休息时间，专门坐下来聊天。可以准备零食，但不要用大餐喧宾夺主。要让孩子和自己都意识到，这是一次以孩子为主导，以专门了解校园欺凌为目标的谈话时间，专时专用。

给老师的指导建议

写给老师的话

对于校园欺凌现象，我们需要调动全班所有同学共同努力，以营造积极和谐的同学氛围作为目标，而不是单纯就事论事处理一个个现象。以班级文化氛围建设为目标，有两个好处，一个是能够激发积极的情绪，而不是加强消极的情绪；另一个好处则是适用于尚未发现明确欺凌事件的班级，可以防患于未然。

今天可以做的事

筹备并开展一次主题班会课,针对班级中同学之间的关系设定一个和谐班级公约。在筹备阶段,可以根据之前和学生分组沟通了解到的学生期待的班级氛围,制作一个投票材料,以下表作为参考。

你认可吗? (是/否)	期待写入公约的内容
	每个人都应该在班级中感到安全
	每个人都应该在班级中感到被尊重
	每个人的私人物品都应该在班级中得到保护
	我有权利同时也就有责任保护其他人的权利
	我有责任努力确保每个班级同学都是安全的
	我有责任在言语和行动上对每个人表示尊重
	我有责任保护班级每个同学的私人物品
	每个人都不一样,但同时我们也有很多共同点
	校园欺凌是不对的
	校园欺凌会给身体和心灵都带来伤害
	我在和同学相处的时候可以对自己的行为负责
	我不会容忍校园欺凌
	我可以揭发校园欺凌
	我可以向别人求助
	我可以采取让自己变强的行动来克服任何困难
	我可以为创造一个没有欺凌的班级贡献自己的努力

开展班会课时,可以参考以下流程:

1. 询问学生在接下来一年中最希望实现的事情,以一个积极的情绪引入作为后续讨论的铺垫。

2. 提出讨论的主题:"我们做一个约定,让班级中每个人都能够彼此和谐相处,共同努力实现大家的期望。"

3. 使用投票列表,邀请学生补充发言,或者对其中的内容进行举例说明,表达自己的观点看法。

4. 在讨论后进行投票，将学生们选择的公约内容确定下来，对内容进行精选或者融合，保证公约中最后的内容不要太多，10条以内。

5. 可以邀请学生对公约中的用语进行修饰。

6. 邀请学生共同绘制公约，准备张贴在班级中。

7. 请全体学生在绘制好的公约上签字，并给每个人提供一份抄写版本或复印版本。

8. 引申讨论，根据学生年龄阶段，探讨什么是尊重，什么是约定，彼此尊重和遵守约定对于自己的生活意味着什么，会带来什么好处。

9. 在确定公约之后，可以请每个学生给自己的家长写一封信或者使用老师提供的信签名，带回家给家长，随信附上和谐班级公约。

老师给家长的信（参考模板）

亲爱的家长：

今天我们全班在班会课上讨论了《和谐班级公约》，希望让每个人在班级中都感到安全、受到尊重，让班级充满和平与友爱。同学们在讨论之后决定共同签订这一约定。

您可以向您的孩子询问有关和谐班级公约的问题，也希望您在家庭中配合我们共同帮助孩子们学会如何保持和谐的人际关系。

今天班会课的最后，我们还请同学们针对一些问题进行引申思考，包括什么是尊重，什么是约定，彼此尊重和遵守约定对于自己的生活意味着什么，会带来什么好处。您也可以在家中和孩子就这些问题展开讨论。

（签名_____）

给学校管理者的指导建议

写给校长的话

反对校园欺凌的宣言要落实成为具体的校园政策，可以根据情况选择委托一部分老师进行反对校园欺凌政策的起草，或者请全体老师围绕校园欺凌问题进行深度研讨。

今天可以做的事

可以参照以下研讨材料安排一次围绕反对校园欺凌政策的研讨会。

参照七维度模型，为校园欺凌事件建立一个总体的分析框架。

作战篇——深度剖析现象，设定具体目标

讨论材料

分析维度	案例	思考问题
意图	1. 小李向小王的午餐里吐口水，然后逼迫小王吃掉 2. 小李向小王的午餐里吐口水，然后说他将要逼迫小王吃掉	1. 有意图但是尚未造成伤害，这算不算校园欺凌？ 2. 我们如果了解到有意图但尚未实施的校园欺凌，应该何时介入干预？
伤害	1. 小王的学习成绩不好，小李和小张当着他的面，叫他"弱智" 2. 小王的学习成绩不好，小李和小张两个人私下聊天的时候，叫他"弱智" 3. 小王的学习成绩不好，小李和小张两个人在小王不在的时候，叫他"弱智"，其他同学听到了	1. 如果一个人从来不知道被别人起外号，那么伤害是否存在？ 2. 如果我们了解到一个校园欺凌事件，但是受害人尚不知情，那么我们如何处理该事件可以减少受害人的伤害？
背景	1. 考试结束后，老师委托课代表小李统计分数，小王找小李打听分数排名，小李排名公开在班级群里，小王嘲笑排在最后一名的小张是笨蛋 2. 考试结束后，老师委托课代表小李统计分数，小王找小李打听分数排名，小李把排名公开在班级群里，排在最后一名的小张找老师说自己被羞辱了	1. 如何梳理我们在校园中习以为常的一些文化，把校园欺凌可能发生的隐患清理出来？ 2. 如果我们了解到一些校园欺凌与学生们常态化的习惯有关，如何引导学生改变习惯？
重复性	1. 小李每天都抓小王的头发，小王感到很痛 2. 小李抓到小王的头发，小王感到很痛	1. 如果只有一次的行为造成了伤害，这算不算校园欺凌？ 2. 我们应该在第一次发生伤害行为就进行介入干预，还是等待有了重复的可确定的证据才介入干预？
时间跨度	1. 小王所在宿舍的其他三个人不肯和他说话，告诉别人说小王私下偷偷男扮女装，持续了三个星期 2. 小王所在宿舍的其他三个人不肯和他说话，告诉别人说小王私下偷偷男扮女装，持续了三个学期	1. 除了明显会因为持续而变得严重的身体伤害以外，类似于传播谣言、社会排斥这种软性欺凌，是否会随着持续时间延长而带来更多伤害？还是会让受害者习惯这种情况，变得能够接受？ 2. 谣言是否会随着时间而不攻自破？我们如果了解到一个谣言，是否要公开处理，又该如何应对控制谣言的传播？

续上表

分析维度	案例	思考问题
不平等权力特点	1. 小李人高马大，小王个子矮小，他们两人都喜欢班里的一个女生，小李打了小王，威胁小王不允许小王和那个女生说话 2. 小李人高马大，小王个子矮小，他们两人都喜欢班里的一个女生，小李打了小王，小王用自己被打的照片视频威胁小李不允许小李和那个女生说话	1. 不平等权力是在第一次欺凌行为发生时就形成了吗？还是要经过多次欺凌行为才能建立一个不平等权力关系呢？ 2. 在处理欺凌问题的时候，如果我们作为老师出面保护受欺凌的一方，是否会加深其他同学心目中这位受害者属于弱者的形象？会不会进一步导致他的社会地位降低？
诱发	1. 小李上课爱哼歌，他的同桌小张用笔扎他胳膊制止他 2. 小李上课爱说话，他总是给别人起外号，别人听到被叫外号之后，就会把小李打一顿	1. 在这种有诱发的案例中，如何根据不平等权力关系中强势一方来定义欺凌者？ 2. 在处理这类有诱发的欺凌事件时，我们是否向家长说明我们对于导致事件并进行追责的判断标准？

校园欺凌中的受害者、欺凌者以及旁观者这些角色有什么心理特点？

在建立基于七维度模型对校园欺凌的事件理解之后，我们还要尝试理解校园欺凌中人的角色。校园欺凌中一般会涉及三个直接关联角色：受害者，欺凌者和旁观者。受害者和欺凌者并不是简单看谁受到伤害，谁采取什么行动，而是还要考虑在欺凌关系中，不平等权力的两端，强势一方属于欺凌者，而弱势一方则属于受害者。旁观者也是我们在反对校园欺凌中非常需要更多关注的一个群体，因为，旁观者的数量更多，影响面更广。受害者不容易改变，欺凌者不愿意改变，而我们采取反对校园欺凌的关键突破口往往就在旁观者这群角色身上。

学生群体中，每一个人都有可能成为校园欺凌的受害者，但是某些特征会使得一部分学生更有可能被欺凌者注意到，从而成为欺凌的受害者。这些特征包括：

应对校园欺凌的"孙子兵法"

◎和别人不一样
◎社交表现不佳，不会交朋友
◎学习成绩不好或者存在违反纪律等问题
◎缺乏自信、自尊

最首要的第一个特征就是和人群不一样，一个从乡村来到城市上学的孩子，或者一个从城市来到乡村上学的孩子，都有可能因为口音、穿着、生活习惯和周围的人群不一样，而凸显出来，成为欺凌者的目标。这种不一样可能会体现在很多方面，比如由于疾病或其他原因在身体上有不一样的特点，或者行为上和别人有不一样的习惯，或者家庭情况和别人不一样等。

其次的一个特征是那些由于性格原因或者个人以往经历的原因，在社交方面表现出比较大的困难，没有什么朋友的学生。这些学生一方面可能由于社交方面不合群，被欺凌者注意到，另一方面可能由于缺少朋友，在遭遇欺凌后更缺少社会支持制止欺凌的持续发展。

第三个特征是学习成绩不好，或者存在学习上的困难，以及存在违反纪律等问题被作为问题学生或者差生批评的人。这些"落后"标签本身会让这些学生和班级群体不一样，同时也可能使得他们在遭遇欺凌的时候更容易面对权力关系的不平等。

第四个特征是心理层面。那些缺乏自信，自尊心较低的学生更有可能容忍欺凌行为，也就会容易成为一个被欺凌者盯上的更弱小的目标。

而学生群体中，成为欺凌者角色的学生也具有一定的共性心理特征。

◎欺凌者热衷于追求体验权力感，试图获得对他人的控制和主宰
◎欺凌者通过实施欺凌行为来享受自己在班级或学校中更优越的社会地位以及特权
◎在家庭教育中，欺凌者的父母对于暴力或攻击行为缺乏管教，或者欺凌者与父母关系非常淡漠

校园欺凌的核心特征就是不平等的权力关系，而一部分欺凌者就是以此为目标，要体验这种高高在上不平等的权力感而采取欺凌行动的。另一部分欺凌者并不仅仅为了这个欺凌关系中的高高在上的权力感，而是有更大的目标，通过欺凌行为，让包括旁观者在内的群体中其他学生对自己感到畏惧或让别人觉得自己很酷，以此来提升自己在班级

或学校中更高的社会地位，让别人不敢惹自己，或者赢得别人的关注。在很多欺凌者身上，成长过程中家庭的烙印是非常鲜明的，如果父母从小就没有对暴力行为和攻击行为加以约束的话，欺凌者自然不会觉得选择这些方式会有什么不妥。甚至有些家长鼓励孩子去通过暴力享受特权高人一等。而这些其实都在给孩子设置一个更大的人生陷阱。学校里的霸王，总会在未来碰到更大的霸王，最终受到伤害。这不是一个概率问题，而是一个必然。因为一个人如果选择用暴力和攻击的方式与他人进行社交，那么他自然也更有可能遭遇别人的暴力和攻击。

最后，旁观者也可以根据其心态分为几个典型的类别。

◎ 与我无关，拒绝承担干预责任
◎ 不想选边站，以保持中立为理由拒绝干预
◎ 不确定是不是欺凌，以不了解情况为理由拒绝做出判断
◎ 认为欺凌事件太复杂，以不能想清楚为理由拒绝做出判断
◎ 不惹事，不敢站出来表明立场，对抗欺凌者
◎ 觉得自己没力量带来改变，因此干脆放弃出手干预
◎ 跟随者，服从欺凌者的命令，不干预甚至给欺凌提供帮助
◎ 责备受害者，认为受害者本身的原因导致他被欺凌

其实，所谓旁观者就是对校园欺凌事件知情但是却没有采取任何行动的人，这个旁观者有可能是学生，也有可能是成年人。

理解这三类角色的典型画像，可以帮助我们更好地把握校园欺凌涉事人的心态，从而更有效的破解校园欺凌事件。

案例访谈

访问者：首先我还是要跟你确认一下你的一些基本信息，性别男，年龄23。
受访者：对。
访问者：你可以先大致介绍一下你的就业情况吗？就是现在是在读书还是工作这类的。
受访者：目前是本科大四在读，将来毕业之后应该是要直接就业的。
访问者：好，接下来就要问你一些有关于欺凌事件具体过程的问题了，如果过程中

你有任何感到不适的地方可以立刻打断我。

受访者：好。

访问者：首先第一个问题是，那个事件是发生在哪一年？

受访者：发生在哪一年？我记得应该是发生在我四年级或五年级，但具体哪一年我可能还要再往回倒一下。大约是发生在2007年或者是2008年。

访问者：好的。现在你可以跟我讲讲这件事的具体过程吗？你记得多少说多少就好。

受访者：事情应该是，这个同学是一个转校过来的学生，应该也就是我说的这两年，2007年或2008年，他是有一点先天缺陷的，就是不是特别聪明的那种孩子。

访问者：就是智力上的那种缺陷，是吗？

受访者：生理意义上的。他是成绩很差，但是就是不会是那种完全都听不懂在说什么的状态。

访问者：好，那你继续吧。

受访者：他应该是家庭不是那么好，我不清楚他是不是单亲或者其他，但是我们只见过他的父亲，对于他本身而言，就是他一般情况下他都是邋邋遢遢，实际上也是不太爱干净的那种。然后也一直肯定是坐在最后排的那种学生，这是他的一个大致的情况。第一就是他可能智力稍微有一点缺陷，第二就是可以通过他的着装以及他的整洁程度也可以看出来，应该是他的家庭对他也并不是特别重视，或者说他的家庭条件本身应该不是特别好。

因为那时候在我们班我应该算是成绩也比较差，然后也不是特别老实的那种学生，会有一些比我成绩更差的那种专门调皮捣蛋的学生，就会欺负他。可能也是因为我说的那两点。第一的话，不愿意和他在一起玩。第二可能是因为有那样一个缺陷，所以说就是会好几个人欺负他。

访问者：就好几个人吗？

受访者：对。应该是三个以上吧。全部都是男生。不管是他还是其他人，都是男生，没有女生参与这件事。而且基本都是本班的，没有外班的。

访问者：你参与到那个过程中是怎么诱发的？就是一开始，是那些人在欺负他，那后来你是为什么加入进去了？

受访者：当时可能也没有觉得为什么。当时小，可能会觉得好玩还是怎么样。会是这样一个感觉，对，没有什么理由。

访问者：就自然而然地就加入进去了吗？

受访者：可以这样讲吧，没有人威逼利诱。就是自己，对。其实也是有一个过程的，不可能说一开始大家都那么一致地欺负他，也都是慢慢地了解到他，后来就开始演变成这样一种状态。

访问者：那除了欺负他的那些人，班级里面应该还有其他很多学生，那些学生对他的态度是怎么样的？

受访者：就是不管他，那些学生对他的态度都是比较冷漠的。出现这种事，有人是一种看热闹的状态，有人就是不管不顾的状态，没有人劝解或者阻拦。我印象中是没有的。

访问者：那就是他在班级里面没有好朋友的吗？

受访者：没有，完全没有。

访问者：完全没有。老师也不会关心他吗？

受访者：有一些事情老师也不知道，说实话来自老师的关心比较少，如果有沟通的话，我们这一群欺负他的学生，可能会跟他有沟通。不是说从头到尾都是在欺负他。对。就是有这些欺负行为的可能是我们，但是和他讲话的可能还是我们，对。

访问者：那就是在那段时间以内，就是那个欺凌的整个过程，也就是班上同学，可能大家都知道这件事，是吗？

受访者：可以说是都知道。

访问者：好，你可以跟我讲讲当时对他做了哪些？身体上的伤害或者心理上的伤害？

受访者：他的身体上的伤害，我们也不太好观察，有一次是发现他的头破了，他的手指好像有一些伤，然后被固定住了。但是我也是不太确定那些伤是什么时候造成的。我只记得有一次那个手指，有可能是他自己在家造成的，但是如果是说是我们这几个人中有些人的某些行动造成的，我们当时也是不知道的。然后头部的话，这种伤当时是不会发现的，可能他回去包扎好之后才发现，所以说也不太清楚是这个造成的，还是说他在家造成的。

访问者：你们可能当时也没仔细看，是吗？

受访者：没有没有，因为可能是骨头上的伤，所以没有那么好察觉。

访问者：那你可以讲讲欺凌一般发生在哪里？会对他做些什么吗？

受访者：主要可能是在教室，然后我记得是在教学楼后面有一次，可能是上体育课的时候，老师应该是不在。

访问者：也就是在发生的时候都是没有人旁观的，是吗？

受访者：在教室的话，肯定会有同学。上体育课的话，操场上肯定也会有同学。

访问者：都是有同学的。

受访者：对，都是有同学。

访问者：然后除了旁观的那些人，会不会有别的人知道，他可能没有看到，但是知道的人会不会有别的？

受访者：这个不太清楚，因为绝大部分是发生在教室。所以其他的人可能比较少，可能就是我印象中，老师会有那么两次点到这个问题，但是老师也没有具体地深究，只不过是有一次可能和他争执的时候被老师发现了。他受到这种伤害，也是会有表示的，可能会反击之类的。然后，同时他也会对另外一个同学造成伤害。当时老师的话，就是以为，是……

访问者：也就是不是一个单方面的，可能会有一些打斗这种吗？

受访者：对，就是可能别人会对他动手，然后他也会反过来动手打这个人。

访问者：一般有多少个人呢，就是和他对峙的？

受访者：一般的话也不太好讲，可能会有那么两三个人，剩下人肯定旁观，然后可能会稍微再多一点，最多应该六七个人。我说的六七个人可能是包括离得很近在旁观的，因为我发生那么几次的话，有两次我算是帮凶的这种状态，可能有四五次，我就是一个旁观者的状态。对，就是看得很近的那种旁观者的状态。

访问者：好。按照你刚刚的说法，也就是这个事情自始至终没有特别扩散开来，没有闹大？

受访者：没有。我记得我刚才有提到他头部的伤害，那是我见过他受伤最严重的一次。有一个人把那个板凳腿朝他丢过去，正好砸到他的头上。有可能他的头部伤就是那个伤害。当然也可能不是，我现在是真的不是特别确定，我只是说可能会是。之后的话，因为我知道他有一次，他头部是受伤包扎的，然后我也有知道是这样一个事，但我不知道这种事是不是直接的关系。

自始至终的话印象中没有说他的家长来过，说这个问题，然后老师没有看到也基本没有提及过这个问题，或者说很轻地说了一下这个问题，除了那次，对，老师正好看见，然后老师说这个问题。

访问者：但老师其实还是知道的，对吗？

受访者：如果说那次也算的话，老师是知道。

访问者：但是你不能确定完整的整个事，老师知不知道？

受访者：老师可能会知道这两个孩子打起来了，可能不知道有好几个孩子都欺负他，这个我是不确定的。

访问者：那你知不知道，他的家长他们知不知道？

受访者：不清楚，因为不管是发生了什么，就从来没有见过他家长，他的家长也可能会知道，但他家长从来没有表示过说来学校看是什么情况。

访问者：那你们这些当时欺负他的小孩，你们的家长会不会知道呢？

受访者：也不会，因为那种情况，他不知道我们家在哪，其次也不会去我们家告状之类。放学都是自己走。

访问者：有一个问题想问你，你和当时一起欺负那个同学的那些人，你们也是朋友关系吗？还是说只是欺负他的时候在一起玩？平时没有经常一起玩这样子。

受访者：当时的话，因为小时候嘛，同学之间也没有说分帮结派，就是会和他们有沟通。可以算是，就是朋友。可以算是朋友。

访问者：就是平时也有时候会一起玩的这种。

受访者：是，对。

访问者：你们的人员就是一起欺负他的人员是比较松散的，还是说有固定那么几个人一直都在。

受访者：我印象中会有一个人是固定的，其他人就没有那么固定。

访问者：好，那这个事儿它最终是怎么结束的？是有人干预了，还是说怎么样，最后就结束了？

受访者：结束，是因为六年级的时候来了一个非常严的班主任。这个班主任，他管理所有事都是以一个以暴制暴的态度，然后就没有人敢乱做这种事情、欺负同学这种事情，因为如果被他逮到的话，可能下场和被欺负这个同学是一样的。

访问者：那就是结束之后，大家或者你有没有做些什么来处理这件事情，对那个同学怎么样，还是就……？

受访者：没有，因为这个同学他不是那么记事情，你欺负他时他可能反抗。但是假如第二天你以聊天的方式去和他沟通，他也并没有说表现出什么害怕的这种状态。

访问者：你们之后和他的关系怎么样呢？

受访者：关系就是不是经常理他，如果理他就是以一种开玩笑的状态，但是没有再发生动手的这种情况。

访问者：就是普通同学，然后可能和其他同学对他差不多。

受访者：对，除了接触少之外，和他接触的话，也就是跟他开玩笑，口头上开玩笑，然后偶尔说两句话，也没有说其他的什么欺凌行为。

访问者：好。你们当时除了可能有一些肢体冲突，对他有没有言语上的伤害？

受访者：言语上的伤害应该是有的，因为毕竟肢体冲突都发生了。但他可能第一天的事第二天就会忘。对，这就是第二天你可以和他正常交流的原因。

访问者：我可以理解成就不是那种带有非常强烈的攻击性和指向性的言语暴力，而是打架的时候，说几句脏话那样子吗？

受访者：对对对，没有那种非常有针对性，针对他的某一件事，从而上升为他的人身攻击，这种是没有的。因为当时的文化水平也到不了那个层次。

访问者：好，那这件事一共持续了多久？

受访者：具体我真的记不清楚，我就真的很难给出一个时间来，我只是知道发生这样的事情可能有七八次。

访问者：那也就是说六年级新班主任来了之后就再也没有发生过了。

受访者：我印象中是再没有发生。

访问者：你当时在那样一个过程中，你会是怎么样的感受？你还能记起来吗？

受访者：当时的感受可能就很简单，说得很不人道的话，当时觉得这是一件好玩的事，或者说很发泄的一件事，总之因为没有外界的逼迫或者引诱之类，是自己去做了，那可能就是当时觉得这个是比较好玩，或者比较发泄的一种情况。

访问者：就是对你来说，欺负这个同学和做其他坏事可能是没有区别，都是可能做一件坏事，然后觉得好玩，是吗？

受访者：对。就和你看到那有一堆草，你手里有个打火机，你就会顺手一掏点了一样，可能大致就是这种感觉。没有说就是我一定针对他那种情况，或一定要把他欺负到有什么地步这种情况，就从来没想这种事。

访问者：好。那个事情发生后，你有没有告诉其他人，就是没有参与进来的其他人，找人帮忙或者向他们倾诉之类的？

受访者：没有，这种事情我印象都是从来没有。对。

访问者：那这件事你觉得对你自己的后续有没有什么影响？有影响吗？

受访者：现在的话，小学的那些同学，除了我两个发小之外，其他的我都失去联系了。客观上来讲就和他们小学毕业之后没有任何的联系，所以说也不会碰到他们有什么感觉，或者说相互再发生什么关系之类的，比如说什么报复或者说其他的，就从来没有。对，这是比较客观的事。

访问者：那你也讲讲主观的吧。

受访者：如果主观来说的话，我感觉可能分两类人，因为我们当时是好几个人，有的同学可能就是偶尔只言片语听说，可能到现在还是延续着小学时候的状态。那按这种思路的话，可能对他们感觉是一个很平常的事。

但是对于我个人来说，从初中开始，在初中同学的影响下开始良心发现，到后来就是这样的状态。目前是在读大学，有的时候回忆起来，这是一个很不好的事。我不是说我之前在想，之前有没有做过什么类似于伤天害理的事？有的时候想回答没有。但是每次回答的时候会很犹豫，也是看到你们的调查出现，我想起来好像确实是有这么一件事，就是说目前来讲，已经谈不上后不后悔，就比较清楚地认识到，当时做的是这样一件错的事，然后也愿意把这件事情说出来，如果说出来还会有用的话，不单单对他、可能对别人会有用的话，还是想说出来，对。

访问者：好。那在这件事结束后这么多年里面，你对这件事的感受有没有发生什么变化？

受访者：感受就是，从原来一开始觉得单纯好玩到现在可能有一点内疚。

访问者：那你现在还记得当时被你们欺负的那个同学，你会对他有什么想说的话吗？

受访者：希望他现在可以过得稍微正常一些了。对。

访问者：那你会希望对当时的你自己说些什么吗？就是如果想象一下的话。

受访者：说些什么的话……因为和我实质上在学校里面关系最好的，不是那几个一起做这件事的同学，而是另外两三个同学，但是他们无一例外没有参与进来。如果非要说的话，我可能会说，你看那些小朋友，人家是什么都没有做，而你却在这和几个人做这样的事情，去伤害别人，就是很真实地去伤害他。我感觉就是。

访问者：嗯，好。我再看看还有什么没有问到的。嗯，好像没有什么了。

受访者：但是我好像还有三个要说的。

访问者：嗯，那你说吧。

受访者：在我们这几个人里面有一个人比较特殊。

访问者：欺负的人里面？

受访者：对。他既会去欺负那个同学，同时他也会被欺负。

访问者：也会被欺负？

受访者：对，当不欺负那个同学的话，这个同学也会被欺负。这个同学是那种看起来就有小聪明，但是又很懦弱的。但是他生理没什么缺陷，有人就会对他索要财物。当然这其中不包括我。

访问者：我没有听清是怎么欺负他的呢？

受访者：以索要财物的形式，比如说威胁的方式。

访问者：就只是索要财物吗？

受访者：对。我想想，应该是没有人对他采取一些比如说打之类的这种动作。

访问者：也是同班同学吗？还是说……？

受访者：也是同班同学，就是我们这几个人里面其中有一个时不时参与进来的。

访问者：哦，然后他又去欺负你刚刚说的那个同学。

受访者：对，假如说我们这几个人里面有abcde，然后a那个同学可能就是一直是在欺负我刚才说的这个不太健全的同学，同时a这个同学也会欺负b那个同学，然后这种方式是通过恐吓，还有索要财物的方式。

访问者：就他那一个人，在索要财物？

受访者：一个或者是两个，最多应该就是两个，如果没有记错的话。

访问者：这个事情也是就没什么人知道吗？

受访者：有人知道。这就是我为什么要说这件事。因为这个同学他是比较那什么的。当时因为这个事，他就是不敢来上学，后来他妈妈知道了就找到学校，那个同学就指证了几个人，然后a同学他非要说我向那个同学索要了财物，实质上我是没有的，后来我回来和他争论，又差点和他有肢体冲突。

访问者：就是向他索要了财物的人，诬陷是你做的。

受访者：是，他就说是我们两个人做的。不是，（他说）同时还有另外一个人，说是我们三个人做的。

访问者：就拉上别人了。

受访者：对对对。事实上没有。

访问者：那之后呢？

受访者：之后就没有之后了，没有人对那个同学再做那个事，因为他会找他的家长过来和老师讲，然后老师也会过来，就没有人敢再做这样的事。这是我想说的这个。

最后我再提几句，就是有一次被我偶然撞见的，两个家长骑着车子送他们的孩子上学，然后有一个家长跟另外一个家长说，你孩子在学校打架厉害。然后另外一个还有个家长也不知道回答什么，就说他儿子应该是不打架的，对。然后问另外那个家长的孩子，那孩子在学校就是经常打架，我感觉有的这种学生是确实和他的家庭环境有关，就是说他的家长甚至觉得你在学校欺负别人你就不会受欺负。而且就是感觉很理直气壮很自然的事情。要不然他也不可能会跟另外一个家长说你孩子在学校打架厉害，对。我应该没什么要说的了。

访问者：那我要问的应该也就这些了。

受访者：好的。

给学生个人的指导建议

写给学生的话

在面对校园欺凌的时候,我们要先和自己做一些最基本的约定,这些约定会让我们在面对任何困难的时候,先做到心中有数,不慌不乱。

对于校园欺凌这个特殊的困难,我们要做几个约定的准备。

告诉自己安全第一,设定好底线。

告诉自己直面苦难,做好过程记录。

给自己确定好,一旦突破底线准备向谁求助。

今天可以做的事

你可以参照以下的模板,跟自己做一个约定,在你同意的每句话前的空白处打钩,在有括号的空白地方可以补充上你自己的想法。

我,(你的名字)_____,和自己做出这些约定:

我的安全永远是最重要的。

我将会去寻求帮助,如果我遭遇了以下这些情况:

1. 我的身体受到伤害。
2. 我感到非常恐惧,受到威胁。
3. 我感到绝望。
4. 我感到不想和任何人说话,对自己感兴趣的事情也提不起劲来。
5. 我出现了想要伤害自己的想法。

我也许还没有遇到上面的这些情况,但是,

1. 我会把我经历的不开心的事情记录下来。
2. 我会保留好别人对我做的事情的照片或文字,虽然这些东西会让我不开心。
3. 我会把自己不开心的感觉也记录下来。

当我需要寻求帮助的时候,我准备找:

应对校园欺凌的"孙子兵法"

> 1.
> 2.
>
> 我准备把这份约定，放在某处妥善保存。
> 我准备把这份约定，告诉让他知道。

给家长的指导建议

写给家长的话

根据校园欺凌中受害者、欺凌者和旁观者的心态特点，家长可以在生活中注意观察一些特定信号，以便及时了解孩子的情况，必要时进行及时干预。

今天可以做的事

请夫妻双方进行一次识别校园欺凌的家长讨论，了解以下这些可能代表你的孩子遭遇了校园欺凌的信号，一旦发现多个，要考虑和孩子进行一次温和的谈话，了解他在学校的近况。

原本很爱说话的孩子突然变得沉默寡言了
晚上睡不着觉，甚至做噩梦
不想去上学
出现一些与情绪密切关联的身体反应，比如胃痛、心慌、尿频等
在家中展现出一些不同寻常的攻击行为
突然发生的行为习惯的巨大改变
与同学发生了冲突
孩子表达对自己的负面评价，比如我很笨、我很胖、我很懒等
孩子的学业成绩有突然的剧烈下滑

请注意，在孩子不同年龄阶段时，有可能存在很多不同因素导致上述现象的发生，甚至有可能并没有什么具体诱因，孩子就是单纯的改变了想法带来了上述改变。

请夫妻双方讨论，除了遭遇校园欺凌成为受害者以外，还有什么其他可能性也会导致上述现象。

给老师的指导建议

写给老师的话

对抗校园欺凌，是每一个班级都需要付出努力的事情。也许班级中从未发生过校园欺凌，但还是要为学生们做好准备，预防校园欺凌的发生。

今天可以做的事

筹备并开展一次讨论"不一样的同学"主题班会课，引导学生积极地接纳每一个同学。

班会课的建议流程：

1. 讨论每个人可能会在哪些方面和别人不一样（年龄、家庭背景、生活习惯、语言等）。
2. 讨论如果每个人都一样，这个世界会怎么样。
3. 讨论不一样的人会给我们这个班级带来什么样的影响，特别是有什么好处（更有趣，更多朋友，带来不一样的想法，看到更宽广的世界）。
4. 讨论有哪些积极的词语可以让别人开心，又有哪些词语会让别人难过。
5. 请学生根据自己的选择制作开心词语和难过词语的对比表。
6. 讨论在说出了让别人难过的话之后，有哪些方法可以表达善意进行补救。
7. 请学生举例，别人对自己做过什么，让自己感受到对方表达的善意。

学生个人的开心词语和难过词语的对比表示意：

积极词语	消极词语
勤奋	笨蛋
和善	没用
美丽	肥猪
慷慨	野种
____	____

我，_____，承诺不用这些让人难过的词，包括在玩笑中也不用，因为这些词语会给别人带来伤害。

作战篇——深度剖析现象，设定具体目标

给学校管理者的指导建议

写给校长的话

在基于七维度模型建立对于校园欺凌复杂性的精细化解构工具之后,我们需要对更有可能牵涉到校园欺凌之中的风险人群进行识别,并做好采取措施帮助这些学生的准备,将这些准备工作都纳入全校统一的应对校园欺凌具体政策之中。

今天可以做的事

邀请部分或全体老师开展一次学习研讨,学习欺凌者、受害者以及旁观者的分类和共性心理特征,与老师们共同探讨学校中是否存在符合这些特征的高风险人群,同时针对全校统一的反对校园欺凌的具体政策进行讨论。可以考虑使用以下的模板作为讨论的工具。

人群分析

角色	特征	典型事例或值得关注的人	能够采取什么送温暖的帮扶措施
受害者	和别人不一样		
	社交表现不佳,不会交朋友		
	学习成绩不好或者存在违反纪律等问题		
	缺乏自信、自尊		
欺凌者	热衷于追求体验权力感,试图获得对他人的控制和主宰		
	过实施欺凌行为来享受自己在班级或学校中更优越的社会地位以及特权		
	家庭教育中,欺凌者的父母对于暴力或攻击行为缺乏管教,或者欺凌者与父母关系非常淡漠		

全校反校园欺凌政策的内容提纲

内容	纳入/不纳入
关于校园欺凌的定义	
明确反对校园欺凌的立场宣誓	

续上表

内容	纳入/不纳入
驳斥一些常见的关于校园欺凌的错误信念	
对于本政策如何产生的过程说明	
本政策赋予全校成员的权力和责任	
给受害者的建议	
给旁观者的建议	
对于欺凌者的处理流程	
对于如何举报校园欺凌事件的说明	
关于校园欺凌预防措施的说明	
给家长的建议,当他们的孩子是欺凌的受害者时	
给家长的建议,当他们的孩子是欺凌者时	
学校中老师和其他雇员如何学习应对校园欺凌的方案	
学校未来新雇员如何学习本政策	
有关校园欺凌的书籍、网站等指导资料	
……	

应对抑郁情绪
深度放松助眠指导

应对校园欺凌的"孙子兵法"

谋攻篇
——聚焦具体事件，完善行动机制

应对校园欺凌的
"孙子兵法"

在确立了反对校园欺凌的决心之后，在建立了分析校园欺凌这一复杂现象的框架和基本政策之后，我们就要进一步完善应对具体校园欺凌事件的行动流程。

在思考行动流程时，我们要区分两种情况，归纳为两个需要想清楚的问题：

第一次碰到校园欺凌怎么办？

又一次碰到校园欺凌怎么办？

第一次碰到校园欺凌怎么办？

不论是个人、家庭还是班级或学校，如果不幸遭遇了校园欺凌的话，总是从第一次开始的。预先做好准备，才能更迅速地从第一次的慌乱中冷静下来，采取积极措施。而之前两章内容中，我们之所以要花时间想清楚对抗校园欺凌的决心，然后学习了解校园欺凌中事件发展的规律以及涉及的人物角色的心理共性特点，都是为了在一旦面对校园欺凌时能够知己知彼，采取有力行动。

案例访谈

访问者：嗯，好，那我们现在就正式开始吧。首先我还是要了解一些你的基本信息。性别男，年龄是？

受访者：26岁。

访问者：好。你现在是在读书还是工作，大致情况可以跟我介绍一下吗？

受访者：现在在读书。在××读书。

访问者：是哪个阶段呢？

受访者：博士研究生。

访问者：好，接下来我就会问你一些有关于欺凌事件具体过程的问题，如果在过程中你有任何感到不适的地方，你就可以立刻打断我。

受访者：嗯，嗯，没事没事。

访问者：首先，第一个问题是，欺凌事件它是发生在哪一年？

受访者：哪一年？我看那是零几年的事嘛。反正是读小学的时候，我也忘了零几年了。

访问者： 小学几年级呢？

受访者： 三、四年级吧。

访问者： 那个欺凌事件它一开始是怎么诱发的？为什么会开始对你进行欺凌？

受访者： 这个，就是我们班的那差等生坐我前面，拿打火机的电击器电我，我就向老师举报的，然后他就下课开始报复。

访问者： 他有哪些手段来报复你？

受访者： 推翻你课桌呀，故意找几个人刁难你，就是做这些事儿呢。

访问者： 就那一个人是吗？

受访者： 嗯。

访问者： 那比如说他找几个人去刁难你，他找了另外那几个人，和他是什么关系？和你又是什么关系？

受访者： 都是同学关系，都是一个班的，只不过是他们几个是经常在一块玩的。

访问者： 但是其实如果不是他来找他们的话，他们另外那几个人平时是不会欺负你的，只是说被他找过来。

受访者： 对啊，对啊。就是因为有这个事了，所以过来刁难我。

访问者： 刁难的具体内容是指什么呢？打骂？

受访者： 就是趁你不在的时候，把你的什么课桌啊给你踢翻啊、东西全给你扔地上啊，就干这种事。

访问者： 有没有言语上的那种欺凌？

受访者： 言语上的，说过让我等着瞧，其他的也没干过。

访问者： 不会骂你什么的是吗？

受访者： 嗯，不会明面在那骂。

访问者： 不会明面上骂是指会，就是语言那种暗示？

受访者： 采用行动或者暗示的方式，没有实际上，没有实际动手。

访问者： 好，然后有那种肢体冲突吗？打架什么的？打你？

受访者： 没有呀。

访问者： 然后有损坏你的物品吗？

受访者： 就是损坏物品呀，就干这些事。每次都在教室里面搞的呀。

访问者： 那有没有什么人会在他做这些事的时候旁观呢？首先你有没有在场，他弄你的东西的时候？

受访者：他弄的时候都是我不在的时候，回去了我才看见的。

访问者：所以你也不知道有没有人旁观？

受访者：肯定有人旁观。但是没人说话，这是百分之百的。

访问者：那班里的同学都知道他欺负你这件事吗？

受访者：对呀，知道呀。都推翻桌子了，这么明显的事怎么可能不知道。

访问者：没有人做点什么吗？

受访者：肯定没有呀。

访问者：为什么呢？

受访者：第一这个问题，谁都不愿意摊上，是吧？第二这种事如果其他人告诉老师的话，这个学生就会背地里又报复他，你觉得谁会做这种事。老师要看不到，老师一般也不会轻易对这学生怎么样。

访问者：所以相当于那个男生是在班里大家都有点怕他，是吗？

受访者：是。

访问者：他是只欺负你一个人，还是也会欺负其他人？

受访者：其他人肯定也会欺负呀。

访问者：老师知道这件事吗？

受访者：老师也知道呀，但是你拿他没法子呀。

访问者：有给他一些惩罚，或者叫家长之类的吗？

受访者：叫过，叫过也没用呀。

访问者：好，你说一开始是因为他用打火机什么的烫你，这件事有没有一个诱因？

受访者：没有，就是他自己上课不听讲，然后就开始捣乱嘛，就是干这种事了。这种事不需要原因呀。

访问者：好。他每次欺负完，比如说弄你的东西什么的，你会怎么反应怎么处理？

受访者：没必要反应，他爱怎么样就怎么样，你无非就在那，也没工夫理他，就那几年时间，他爱咋就咋去。

访问者：具体一点，就是你自己默默收拾好，然后也不会去找他什么的是吗？

受访者：没必要找他，因为损失也不大。他爱怎么搞就怎么搞去。

访问者：所以他欺凌你这件事其实给你造成过什么心理上的伤害吗？

受访者：没有。

访问者：那你的家长会知道吗？

受访者：他们知道呀。也就是说一下，把生活中的事情分享一下，也没有什么太值得计较的。

访问者：那他们会是什么反应呢，你的家长？

受访者：让我尽量离那些人远一点，保持点距离。

访问者：这样子，那你说是发生在三年级或者四年级，那最终是怎么结束的呢，他对你的这个欺凌？

受访者：不了了之呀。发现我也不理他，他就懒得理我的呀。

访问者：就主要是因为你没啥反应，然后他觉得没意思了，是吗？

受访者：嗯。

访问者：在这之后他还是会去欺负其他人？

受访者：嗯。

访问者：他不欺负你之后，你们的关系怎么样呢？

受访者：井水不犯河水，能不理就不理。

访问者：你会跟班里你的朋友什么的倾诉这件事吗？

受访者：不会。

访问者：也就是说这件事对你来说，其实基本上没有给你带来太大烦恼。

受访者：没有，没有，不值得为这种事烦恼呀。

访问者：是因为你集中注意力于学习还是别的原因？

受访者：不是呀，这种事就不值得烦恼呀，和集中于学习没有关系。

访问者：就不值得烦恼？

受访者：嗯，不值得烦恼。只是有这种情况发生，但也没什么计较的意义。

访问者：当时具体是怎样一个情境呢，他受到了惩罚？

受访者：罚站呗，还能干啥。

访问者：罚站。好。那就是他欺负你这件事，在三年级或四年级一整年里频率大概是什么样子的？

受访者：欺负我就那一次啊，后面基本就没有发生过了。（他）上完课立马就报复。

访问者：有生气之类的吗？

受访者：是个人都会气一下，但也无所谓，就气一气，该上课上课，该回家回家。

访问者：那你能有印象？就是那个比较坏的、你们班上那个小孩他一般是欺负班级里的哪一类人，哪一类人会遭受他的这样对待？

受访者：成绩中等偏下的，他容易去欺负。

访问者：还有吗？

受访者：没有了，因为也就是那些学生容易离他比较近，容易让他欺负。

访问者：他对除了你之外的人都是一个持久的欺凌吗？

受访者：嗯，有，甚至让有些人上课脱裤子。

访问者：老师不会制止吗？

受访者：老师不知道呀。

访问者：意思是只有身边一些人看到？

受访者：嗯嗯嗯。

访问者：好的。那你觉得当时受欺凌这件事对你自己后续有没有什么影响？

受访者：没有呀。

访问者：没什么影响。那你现在再回想这件事，是怎样一个感受？

受访者：感受。也没什么感受，就感觉那个人挺蠢的呀。

访问者：之后有没有什么交集之类的？

受访者：没有呀。

访问者：好。那你会不会希望对他说什么，就是欺负你的那个人？

受访者：倒没什么想说的。

访问者：对自己有吗？

受访者：也没有，我只希望老师们稍微把这些学生好好再多关注关注吧，也没什么想说的。

访问者：那你之后，身边有没有什么人你旁观过或者目击过的一些欺凌事件，有吗？

受访者：见过呀。还是那个家伙呀。他的欺凌比较严重，普通点就是逼着你让你上课的时候偷偷脱裤子给他。狠一点就是当众让你喝他的尿。

访问者：在公共场合吗？还是说学校里比较隐蔽的一个地方？

受访者：在学校稍微比较隐蔽的一个地方，因为有时候会路过能看到这个情况。

访问者：你有目击过？

受访者：我肯定目击的呀。

访问者：那你当时的心情是怎么样？你没有上前制止、阻止之类的吗？

受访者：哎呀，根本不敢阻止呀。很多人在一块呢他们，他们是一个小团伙，你根本没法阻止的。

访问者：所以你其实在班里当时对他还是挺恐惧？

受访者：不恐惧，但是尽可能离他远一点，因为这种确实是解决不了的问题。想帮又没法帮，他又不怕，这没能力解决。

访问者：明哲保身，是吗？

受访者：差不多吧。

访问者：那你在目击到那些之后会不会去告诉老师什么的？也不会？

受访者：告诉老师没用呀，老师不信的。

访问者：老师也做不了什么，意思是？

受访者：嗯，除非抓到现行，否则一般没用的。

访问者：好。他们那个小团体里是他在带头，其他人就听他的指挥，这样的一个状态吗？

受访者：嗯嗯，是。人员固定的呀，固定的那么一群。

访问者：大概有几个人呢？

受访者：七八个吧，我记得好像是。他们有一大堆不良嗜好，什么吸烟、喝酒、逃课、爬墙、去网吧。

访问者：小学就已经吸烟、喝酒？

受访者：嗯嗯，这些也很正常、很普遍的呀。

访问者：是因为你们学校里有这种风气，还是说？

受访者：就他们那一群人，他们那一群人是那样做的。

访问者：学校知道吗？

受访者：学校应该知道这些事，但抓不到他们现行。

访问者：也没有调查什么的？

受访者：没法调查，出于什么理由调查？就因为你吸烟就去调查吗？这个不合理吧？

访问者：好，你有没有什么想要讲的，就关于你想接受这个访谈。

受访者：也没太多想讲的吧，我只想讲的就是学校能不能专门针对这类学生进行特殊管理，因为和普通人在一块待着，这些人对大众来说没有任何好处。他爸妈都挺有钱的，他读小学的时候已经开始无证驾驶了。

访问者：就比较有钱的家庭，富二代？

受访者：嗯嗯。

访问者：那他的成绩呢？

受访者：班里倒数吧，上课基本不学，要不就睡觉，要不就是捉弄人。但他爸妈肯定也不怎么管他。

应对校园欺凌的"孙子兵法"

给学生个人的指导建议

写给学生的话

第一次面对校园欺凌，谁都可能会惊呆、慌乱、不知所措，任凭对方为所欲为。在第一次出现这种僵住了的反应是非常正常的。第一次让欺凌者得逞，不等于对方就比我们更强。欺凌者能够在第一次占到上风，不过是因为欺凌者处心积虑有意地攻击别人，而我们不一定无时无刻都那么警觉地做好防御准备。不过，只要我们在第一次遭遇校园欺凌后做好准备，就会在下次有更好的表现。也许下一次还没有能够完全制止欺凌者的行动，但是时间永远站在正义的一方，我们会变得越来越强大，而欺凌者只会更多地暴露出他的恶行而失去别人的支持。

第一次遭遇校园欺凌，我们的心情一定很不好受，但是千万不要单纯地沉浸在后悔和自责中。很多时候，当我们纠结于"当时我怎么没做什么什么"的时候，这种无法改变过去的纠结与无助，会造成我们更大的心理创伤，比原本的事件带来的影响更大。过去的事情谁也无法改变，我们应该更多思考的是将来怎么做。

今天可以做的事

请你按照以下的指导，帮助自己在遭遇了一次校园欺凌之后，做好心理调适，然后制定未来的行动计划。

1. 让自己通过想象创建一个自己的平和安全岛。

通过想象来到平和安全岛的指导：

请你闭上眼睛，然后深呼吸。伴随着呼吸，想象你眼前看到一个空白的屏幕。现在，在你的屏幕中间找到一个点，想象大海的蓝色从这一点向外奔涌，充满了你面前整个空白的屏幕。

现在我们在这片蔚蓝的大海上，让一座小岛缓缓升起，你可把能够给自己带来平和安全的所有东西、所有建筑都带到这个小岛上。使你曾经感受过平和与安全的都可以。

现在，想象你朝着这个小岛越来越近，直到它占据了你整个的想象空间，再也看不到蓝色的大海。现在，想象你在这里会听到什么声音，会闻到什么气味。伴随着这些声音和气味，请你深深地呼吸，让这样的舒适感觉伴随着进入身体的空气，走遍全身。

如果有其他干扰的想法出现，没有关系，把这个想法放在小岛上方的一朵云彩里，然后想象这个云彩逐渐飘远。

在这个平和安全的小岛上,你想要对自己说一句什么话,鼓励自己冷静下来呢?你可以说:"我能控制我自己"或者"我要冷静"。

最后,请你再次伴随着呼吸,慢慢睁开眼睛,迈出一步,走出你的平和小岛,但是带上你刚才的感觉,然后在现实世界中,对自己重复说那句让自己冷静下来的话,这样你就成功地夺回了自己身体和心灵的主导权,让自己更加冷静和放松。

2. 在冷静下来之后,回忆第一次遭遇校园欺凌时,自己是否经历过一次突如其来的紧急的恐惧反应。比如:

◎心脏怦怦怦狂跳

◎脑子感觉僵住了

◎呼吸感到急促,好像喘不上气来

◎手脚发抖或者紧绷,感觉不受控制

◎感觉晕掉了,或者一段时间毫无感觉

◎全身出很多汗

如果你在第一次经历了这样的过程,这是一个典型的惊恐情绪反应。这个惊恐情绪会让我们无法行动或者在慌乱中犯错误。

下一次如果你遇到突发事件,你还是有可能会再次遭遇这样的惊恐情绪反应。因为我们不可能一次就学会怎么处理,不会立刻变得英明神武。

但是你可以预先准备一个应急情绪调节方案,在面对欺凌时,先处理自己的惊恐情绪,然后再采取应对行动。

你可以使用下面内容来帮助自己制定一个应急情绪调节方案。

▲这些情况或感受会激发我全身的惊恐反应:

_____

(无法自控、害怕、压力、没人帮我等)

▲当我遭遇了全身的惊恐反应之后,我的身体会给我这些警示信号:

_____

(心跳加速、出汗、发抖、无法呼吸等)

▲在这种情况下要冷静,我可以做这些事:

_____

(深呼吸、走到户外、听音乐等)

▲我可以让这些人知道我可能会碰到非常害怕的情况:

_____

(妈妈、好朋友、某老师等)

▲我会告诉这些人,如果我遭遇了害怕来求助的时候,希望他们:

_____

(安静地听,不要打断,告诉我没关系等)

3. 冷静回顾一下，自己碰到校园欺凌时，做了什么样的反应，然后特别回忆一下，在自己做出反应之前，周围的环境以及对方做了什么。

◎我曾在这种情况下，＿＿＿＿＿＿＿＿＿，选择无视欺凌者。
◎我曾在这种情况下，＿＿＿＿＿＿＿＿＿，选择口头回应欺凌者。
◎我曾在这种情况下，＿＿＿＿＿＿＿＿＿，选择求助。

4. 冷静思考下次碰到校园欺凌应该怎么应对。

请根据下表总结的参考建议，思考你自己的行动方案：

行动	情况
无视对方	对方在挑衅，但我认为他们的语言或行动毫无意义
	对方行动只能在某个地点发生，而我可以避开这个地方
	对方行动用到的工具不能长期重复使用
口头回应	对方的行动让你不舒服，但不是有预谋的
	对方的行动曾经针对很多人，这次你被波及了
	对方特意选择在别人在场时对你采取行动
求助	自己的身体安全受到威胁
	涉及自己身体隐私
	当你自己感到非常绝望的时候

5. 在下面的行动指南中，描述一个未来你打算采取行动的场景。

给自己的行动指南：

▲我将在这种情况下，＿＿＿＿＿＿＿＿＿，选择无视欺凌者。
▲我将在这种情况下，＿＿＿＿＿＿＿＿＿，选择口头回应欺凌者。
▲我将在这种情况下，＿＿＿＿＿＿＿＿＿，选择求助。

给家长的指导建议

写给家长的话

当我们第一次了解到孩子遭遇校园欺凌的时候，很容易首先自己就陷入一场情绪风暴之中，震惊、愤怒、自责、心疼等复杂情绪可能会让我们根本控制不住。但是，如果家长自己不能很好地控制情绪，这不仅无助于帮助孩子冷静下来，甚至反而给孩子做出一个错误的示范,导致他在未来面对校园欺凌的时候更加慌张,或者更加冲动采取错误的反应。

家长也要做好预案,能够在面对突然的情况时,有章法地采取行动。

今天可以做的事

家长可以参照以下流程指导,夫妻两人进行沟通,针对"孩子告诉我们他第一次遭遇了校园欺凌"这个场景做好心理准备。

1. 学会控制自己的情绪。

请按照下列表格,选择适合自己的步骤,为自己做好一个应对突发情况避免惊恐反应的应急预案。

措施步骤	适合我自己吗?
从1数到100	
深呼吸	
洗脸,在镜子里检查自己的表情,恢复平静	
首先尝试对孩子微笑	
安排一个安静舒适的环境,让自己和孩子先坐下来稳定	
观察孩子的情绪反应,给予适当安抚	
在和孩子交谈之前,邀请孩子和自己一起深呼吸	
不要急于发问主导对话,先听听孩子怎么说,愿意说什么	
给孩子和自己各准备一杯水	
告诫自己现在面前是自己的孩子,不是发怒的时候	

2. 学会让孩子主导进行倾诉,温和地询问。

请参照下列表格,选择适合自己的步骤,为自己做好一个向孩子询问事件细节的应急预案。

措施步骤	适合我自己吗?
保持目光直视自己的孩子	
用点头等身体语言鼓励孩子开口	
先安静倾听,不要打断	
确认孩子想说的已经说完	
在了解事情细节前,先问孩子的心理感受	
如果孩子说不出感受,可以提供一些情绪词引导孩子	

谋攻篇——聚焦具体事件,完善行动机制

续上表

措施步骤	适合我自己吗？
询问事件的精确时间	
询问事件发生的地点	
询问事件发生时有什么人在场	
询问事件发生前有没有任何关联的事情	
请孩子介绍事件中有关人员平时的行为特点	
询问孩子的反应	
强调被欺凌不是孩子的错	
如果孩子是欺凌者，也不要急于在了解情况的时候进行批评或惩罚	

3. 在与学校和老师联系之前，先与孩子沟通，做好孩子的心理准备。

措施步骤	适合我自己吗？
询问孩子这个事件都有哪些人已经知道	
询问孩子这个事件他自己希望把知情范围控制在哪里	
告知孩子，自己作为家长将要和老师沟通	
和孩子商量，如何在与老师沟通中控制知情范围	
和孩子商量，他希望这件事的结局是什么	

4. 在与学校和老师联系之前，先给自己做好心理准备。

措施步骤	适合我自己吗？
不要在愤怒的情绪下做任何事、说任何话	
将孩子说的各种信息细节记录下来	
告诉自己，这些并不一定是事实，只是一个视角的陈述	
不论孩子是受害者还是欺凌者，想清楚自己作为家长要做的事——努力终结欺凌事件	
联系老师预约沟通时间	
查询了解学校对于校园欺凌的政策和措施	
告诉自己，依靠成人来保护孩子免受校园欺凌，可能是必要的，但并不是最终长期的永久解决方案	
给自己安排好能够和学校及老师保持联络的工作日程安排	

5. 在与学校老师沟通，了解了更多信息之后，和孩子讨论要采取什么行动。

措施步骤	适合我自己吗?
避免躲开孩子进行讨论或者在孩子能够听到的时候,排除他在外单独进行父母之间的对话	
感谢孩子的信任	
表扬孩子的勇气	
鼓励孩子要保持和父母的交流	
与孩子分享自己从老师那里了解到的更多信息	
引导孩子做好应急预案	
引导孩子了解学校的反校园欺凌政策与措施	
引导孩子以幽默的方式来看待遭遇的困难	
引导孩子转移注意力,忘记过去的不快	
引导孩子增强自信	

给老师的指导建议

写给老师的话

提前做好准备,是面对任何困难的根本方法。老师可以引导孩子们通过预先设想面对校园欺凌时的情境,为自己准备好一些科学的应对方法。这种预想准备,不仅仅帮助孩子们在行动上做好准备,也可以帮助他们在情绪上做好准备。还有一个附加的好处就是,这种讨论有可能会使得孩子把本来隐藏起来的一些心事向老师表达,让老师能够及时了解隐藏的校园欺凌事件。

今天可以做的事

筹备并开展一次主题班会课:"第一次遭遇欺凌该怎么办——头脑风暴会议"。
可参考以下流程来安排班会课:
1. 说明本次头脑风暴讨论会的主题。
2. 列出2~3个典型的欺凌事件。
3. 邀请同学发言,讨论面对这些事件有什么应对方法。
4. 专题讨论以下几个问题:
   ◎ "以暴制暴是不是能解决问题?"
   ◎ "如果不告诉老师和家长,事情可能会如何发展?"

应对校园欺凌的"孙子兵法"

◎ "如果你既不是欺凌者也不是受害者，你知道了这件事会怎么做？"

5. 在集体讨论的基础上，安排更加聚焦的分组讨论，请每组同学回答以下两个问题，在小组内达成一致：

◎ "第一次被欺凌，说什么话来回应对方？"

◎ "什么时候要告诉家长和老师？"

6. 班会课后给学生留一个个人作业，请他们写一篇日记，谈谈自己的想法和收获。

7. 制作一个投递箱，给学生们提供一些信封，告诉学生，如果有觉得要告诉老师的事情，但是又不敢说的话，可以写下来封在信封里放到投递箱中。

给学校管理者的指导建议

写给校长的话

有了反对校园欺凌的决心和整体政策后，我们还需要细致地按照一个校园欺凌事件的完整处理流程来建立具体的行动方案。

今天可以做的事

根据已经确定的政策，思考全校反校园欺凌的行动安排。

可以参照下表的提纲，选择适合自己学校的步骤，并确定流程顺序；或者使用下表，征求其他老师的意见，汇总后制定行动流程安排。

步骤	行动	是否采纳
预防措施	定期开展校园欺凌主题的教师培训	
	定期讨论修订反校园欺凌的政策和行动流程安排	
	定期安排面向全体家长的反校园欺凌教育	
	定期开展面向全校学生的反校园欺凌教育	
	定期讨论针对有学习或生活困难学生的主动关心机制	
探查措施	设立校长信箱	
	定期开展匿名的问卷调研，了解学生对校园欺凌的态度和当前校内的状况	
	公布明确的校园欺凌处理流程和举报入口	
	建立应对校园欺凌的专门委员会，定期评估收集到的信息	

续上表

步骤	行动	是否采纳
处理措施	为每一个报告的校园欺凌事件建立档案，定期由专门委员会进行讨论和跟踪，判断是否还在隐形地延续	
	为每一个报告的校园欺凌事件分配一位负责关心受害者的老师，可以根据学生意愿双向选择	
	委托受过训练的老师或者专人，针对报告的校园欺凌事件进行过程了解，与受害者、欺凌者、旁观者进行沟通	
	在行动方案中明确校园欺凌的处理措施，并由专门委员会就每一个事件权衡选择具体的处理措施	
	制定专人负责与牵涉到校园欺凌事件的学生及家长进行沟通	
	制定一条底线，明确公示给全校学生：何种情况会通知警方，把处理交给法律程序而不是校内程序	
	制定关于处理方案的申诉机制，指定针对处理意见的复核审批流程	
跟进措施	制定校园欺凌受害者的心理干预机制	
	制定校园欺凌涉事人的专项教育方案	
	制定在校园欺凌暴露后，针对全校学生的教育方案	
	制定针对欺凌者的家校沟通方案	

又一次碰到校园欺凌怎么办？

校园欺凌的一个特点就在于很可能会重复发生。

这一方面原因在于，欺凌者会选择容易得手的目标，那么一次欺凌事件本身就可能会给欺凌者一个信号，告诉他这个受害人是一个值得关注的目标，因此就可能会导致下一次欺凌事件。

另一方面原因在于，欺凌事件的核心特征在于建立一个不平等的权力关系，这就自然会表现出从一个单次事件向多次重复事件演变的特点，最终形成一个稳固的、以不平等权力为特征的人际关系。

最后，欺凌事件很多时候由于各方面处理不当，常常会发生受害者没有找到合理的处理渠道，于是自行采取报复措施，而这种报复措施又会进一步引来欺凌者更多的攻击行为的情况，导致形成了一个延绵不绝的恶性循环。

在重复面对校园欺凌的时候，一定要保持一个清醒的认识。

第一，既然校园欺凌重复发生了，那么说明之前采取的行动并没有起到终结校园欺凌的根本目的，必须要检讨反省，考虑采取其他行动进行补充或者修正。

第二，校园欺凌如果成为了一个顽疾，那么我们更加要借鉴孙子兵法的智慧，不再盲目地重复之前无效的战术，而是要考虑创造性地解决问题。"上兵伐谋，其次伐交，其次伐兵，其下攻城"。我们要消灭的不是欺凌者这个顽固的堡垒，而是要伐兵，即削弱欺凌者作恶的条件；伐交，即清除欺凌者得到支持的社会文化土壤；伐谋，即消除欺凌者心中感受到的高高在上的权力优越感，从动机根源上清楚欺凌行为。

案例访谈

访问者：好，我们现在就正式开始，首先我需要了解一些你的基本信息。性别女，年龄是24，是吗？

受访者：对。

访问者：好，你现在是在读书还是工作，大致情况可以跟我介绍一下吗？

受访者：还没有毕业，研三。6月底毕业。

访问者：好的。接下来就要问你一些有关欺凌事件具体过程的问题了。如果在这个过程中你有任何感到不适的地方，你就可以立刻打断我。

受访者：好的。

访问者：好，首先第一个问题是，欺凌事件它是发生在哪一年？

受访者：是大学的时候，大概2014年到2016年底。差不多从大一到大三。

访问者：好的，好，你现在可以跟我讲一下欺凌事件这件事的具体过程吗？如果你觉得你一时间难以回忆起来，也可以我一道问题一道问题问你，这两种都是可以的。

受访者：你问吧。

访问者：好的。首先第一个问题，这件事开始它是怎么发生的？如何诱发的？

受访者：诱发的话，我觉得我没有办法去想是因为什么事情诱发，因为就是一个宿舍嘛，然后感觉她们的行为方式让我不太能理解她们出于什么动机。我觉得可能是因为各人差异比较大，因为我们宿舍全都不是来自一个省份的，可能家庭背景差异比较大。有一个人她是运动员考进来的，她以前训练那个环境就是这种大家都竞争的环境，感觉她比较霸道。但是，另外一个女生，就是跟我成绩差不多，感觉她的竞争心理比较重，一开始学习上大家就是互相屏蔽那种感觉，后来就慢慢演化到她会拉一些宿舍的其他人去不和我说话，就这样子。因为一开始宿舍环境不太好，我也发现了，后来大一之后就参加了学校的好多社团，什么宣传部之类的，因为经常做视频，经常去采访什么的，所以就不太经常回宿舍，也有点逃避跟她们接触。

访问者：所以就是一开学的时候就已经就那么自然而然地发生，还是说经过了一段时间之后才这样？

受访者：应该是经过了一段时间，但是一开始的时候，就是我跟你说那个运动员同学，你知道，她看起来比较凶，讲话也比较凶，反正那个宿舍就很奇怪，我也不太清楚为什么有这样的宿舍。还有就是一开始我记得军训的时候，比如说我问旁边的一个同学什么事情，她听到了，居然不回答我，我要很大声地讲三四遍，她才说"喂，干什么，叫我"，这样子，我就当时觉得很奇怪，就没有见过这样的。

访问者：假装没有听见？

受访者：她不是假装，她只是不想理，她跟我解释说我不想理你，已经不应你一次，你就应该自己知道。我就觉得她这个思维方式很奇怪，然后就是演变得宿舍里其他好多人，反正还有两三个人就开始这样子，就是跟她学的。

访问者：你刚刚说的以那种方式对待你的人，是你说的运动员特长生吗？

受访者：不是。她没有参与这个行动当中，她只是行为比较古怪。然后运动员同学她是比较凶，很凶的那种。她长得很高大，她是打网球的，很高大的一个人。

访问者：好，所以这个事件就是相当于发生在你们宿舍，这样子的？

受访者：对，其实这不是一个事件，就是有一个很恶劣的、一系列很恶劣的事件，但是我现在只能想到一个最恶劣的，以前都还觉得都还能忍，就是有一件事情发生之后，让我觉得受不了。

我大三的时候，大三考研呢，其他人不考研，其他人不怎么复习不考研，然后，就天天搞怪，我感觉，今天跟你说咱们出去吃个饭，明天说跟我们一起去旅个游，后天又说什么宿舍聚餐你要不要来，这样子，然后我们一起去的哪哪哪，我感觉好像都不太想让我去参加考研似的。我那段时间就老拒绝，而且作息也跟她们不太一样，就早晨起得比较早，中午可能会回去睡觉，然后晚上十一点多才回。我们学校熄灯比较晚，然后就十一点钟我才回去，反正一直不太喜欢跟她们交流，所以就晚上熄灯了之后再回去。

然后我考研把微信朋友圈给关掉了，结果有一天我跟同学中午吃饭的时候，有一个同学就说你们宿舍什么情况？我说我不知道，然后他就给我看朋友圈，说谁谁谁拿了谁谁谁多少钱，然后什么什么之类的东西。就很明显在指我，重点是我觉得很奇怪，为什么要诬陷别人。因为这件事情我真的当时我都创伤应激反应了，我就反正很长一段时间都沉浸在那，有将近半年时间，我觉得就是太恶心了，能不回（宿舍）就不回的那种状态，因为我觉得她们就只是想影响你考研，或者说想孤立你，什么事情都能做得出来那种。

访问者：她们都知道你当时是在复习考研？

受访者：对，这个是肯定的，大家都知道的。

访问者：你们宿舍是一共有多少个人？因为我听你提到了其实蛮多人的。

受访者：一共有6个人。

访问者：一共有6个人。这6个人里面哪些人参与了对你的这种对待，比如说这么长一段时间各种事？

受访者：主要其实是两个。后来毕业之前有一个女生跟我说，当时她们好像拉了一个5人群，你懂吧？就是别人都在，就你不在，拉了一个5人群，她们凑在了一起。然后有一个女生列举了一些我拿了人家钱的证据。

访问者：就发朋友圈的那个吗？

受访者：发朋友圈是那个运动员，那个脑子不太好那个，然后，唉，我不能这么带情绪。她就告诉了其他人，但是我感觉应该有三个人，她们这个小团体的三个人。

我现在，我得给这几个人标个号。有一个运动员，然后还有个东北人，那个东北人现在让我对东北人就有一种偏见，特别讨厌，就是孤立我的那个，就是拉了5个人不理我的那个，是个东北人。第三个是说自己丢钱的那个，就叫丢钱那个吧，我觉得她没丢钱，我觉得她智商不高，这就是为啥我觉得跟她们解释或者什么没有任何意义。她说她有50块钱放在了宿舍抽屉里，然后就没有了。我记得当时她说这个事情的时候，我就回了她一句，我说你再找一找，或者说你放在你抽屉里的那50块钱，很可能就是什么时候就用掉了，50块钱又不多。而且她那个桌子是坏的，拉开它就容易掉下来，所以一般很少有人会碰她的桌子。然后她就非要说是一定有人偷她的。她的第一反应就是有人偷她的钱。这件事情发生在可能四、五月吧，四、五、六月？不，肯定是五月之后，五月份她们还拉我出去去什么甘肃旅游了一趟，嗯，应该是六月份。

六月份发生的第一件事。然后七八月份的时候实习，当时特别郁闷的一件事情是，我为了避免跟她们接触，她们是第一拨实习，我是第二拨实习，时间就错开。然后那15天、那两个星期我就在学校里学习，她们另外两个人都实习去了，宿舍里就剩我们三个人，就是那个丢钱的那个，运动员，还有我。这15天可能我在宿舍的时间就比她们多，或者说她们觉得我在宿舍的时间比她们多，然后，那个丢钱的人又说她丢了200块钱，然后她就怒不可遏，又发朋友圈要骂人，又怎么怎么的，什么人品差什么乱七八糟。当时那个运动员同学就看不下去了，真的就是她自己没脑子，她自己钱管理不好，又找不到了，就说别人偷她的钱。后来是毕业前一星期还是两个星期，她收拾自己桌子的时候发现了200块钱。我一开始跟她一点矛盾都没有，而且跟她还挺好的，就是后面那种感觉她们有意要拉拢她。

访问者：那她发朋友圈说了什么？

受访者：就是很难听的语言，再加上她就说是怎么怎么样，她不会点名道姓说谁谁谁，但是她就会说有这么一个人是这么这么、怎么怎么地。我就觉得当时真的是，我要不是因为我考研真不想管这个事情的话，我肯定得跟她们要好好搞一搞。

访问者：她那种难听的话是骂人吗？还是？

受访者：对吧，应该是吧，我忘了，反正（我）就看它一眼。

访问者：所以，你刚刚跟我讲了关于丢钱的两件事，但实际上，那三年里面可能断断续续发生了各种事，是吗？

受访者：不是断断续续，也不能说一直吧，就是一个人，她就想作妖的时候，她不高兴的时候她不能让你高兴，就是这样子的。我说的就是运动员，有点这种感觉。

另外，比如说上课的时候，老师让组一个4到5人的小组，我们宿舍有一个转专业了，就是跟我们不是一个专业，也就是说我们一般是5个人去上课，然后是3到4人的小组，她们就不带我。我就举个例子，比如说这种事情，确实是我也不太想跟她们一组，就越到后面越来越严重了。

访问者：会有孤立你这样子，排挤？

受访者：对。比如说做过什么科创项目，人家，就是宿舍里所有人都参与了，然后，我问为什么没带我呀，另外一个说，说那个谁谁谁，就那个东北人说，说你太忙了，你没时间跟我们做，就是这样的理由。

访问者：相当于她们就是自己组好队，等你意识过来的时候，她们已经做好了，然后没有带你？

受访者：对。

访问者：那我觉得这应该算是一种排挤吧。她们平时是会对你有语言上的还是其他方面的欺凌？

受访者：都有吧。语言上，比如说，反正那个运动员她讲话很不好听，她话很多的，经常会说脏话，然后她会用脏话骂人，还有比如说……

访问者：会骂你吗？就是那个运动员。

受访者：会吧，反正我一般都自动屏蔽了，觉得她智商也不高。就是这样的。后来我记得有一次，很生气的。有几次，比如说我出去刷牙，我们当时水房是在外头，不在宿舍里头，出去刷牙回来她就把门锁住了，然后我敲门她就不开，当时我已经有点感冒了，嗓子很痛，然后我让她开一下，她就不开。她说不行，要我说什么我错了什么什么之类的，然后我就不说，就是这种事情。凭什么，我也没有错，为什么要说我错了这种话。然后她就不开，重点是宿舍里面有人，其他人也不会管你，就是我们宿舍特别冷漠。我就一直敲，后来就是外面的几个同学，当时挺冷的，已经北方的冬天，12月份，确实挺冷的，我穿得很单薄，就在外头，她就不让我进。后来外面的几个同学有一个发微信跟她说。然后她就说我在外面说了她什么坏话。我进来之后，她把门开开，还把我的东西损坏了，就用那个锁把我的东西损坏了，然后还骂得很过分。

访问者：骂你？

受访者：对，就骂得很过分。

访问者：你在外面的时候，她在里面把你的东西弄坏了？

受访者：不是，就她开门的时候，她力气很大，我跟你说她力气很大，她开门的时候，把那个锁就一摔，把我的东西给摔坏了，就是可能这样子。

访问者：就是当时你拿着的东西吗？还是？

受访者：不是，我位置上的，柜子里的东西。

访问者：明白了。好。比如说在这样一个比较具体的事件中，刚刚那个运动员她这样对你，在这个过程中，你们宿舍其他人都是在旁边就那样看着？

受访者：对，我觉得，感觉这叫什么，就觉得很冷漠，而且如果大家都说算了，或者是大家都去劝一下的话，其实这个宿舍从一开始就不会是这个样子的。大家互相间有点冷漠。

访问者：她们是假装看不见，在干自己的事，还是别的什么反应？

受访者：因为声音很大，不可能听不见看不见的，她就是任何时候声音都很大，大家就是坐在自己的位子上干着自己的事情。可能也有点怕她，我觉得。

访问者：好。发生这些所有事，有没有同学帮你说说话啊或者站出来啊，这种没有过吗？

受访者：没有，非常冷漠。让我挺心寒的一件事情就是，我们班还有一个女生跟我关系挺好的，我俩经常在一起。这件事情之后，她也没有帮我说任何话，她说她感觉不到我的那种痛苦。

访问者：她不是你室友，是你班级里的朋友？

受访者：对，斜对门。丢钱那件事情发生，听完之后她就跟我说，她根本体会不到，而且她还反问我，她说让我帮你什么呢，她问我需要帮我什么，我觉得很生气。

访问者：好的。就是在这么长一段时间内你遭受的在宿舍里面这种对待，你有没有跟谁倾诉过，或者跟谁反应？有没有比如跟家人讲，或者跟你们辅导员什么的沟通沟通，让他们帮你干预什么的？

受访者：反正现在我就觉得当时我应该去找辅导员说一下，但是也说不清楚。说不清楚有一个原因就是，就讲这一切都没有点名道姓，但是私下里已经确实跟别人讲，这是我干的，而且这些事情都是我最后毕业之前才有人告诉我的。

访问者：丢钱那个事？

受访者：对，她一直不说就是谁干的，但是你很明显可以知道。

访问者：所以，对你来说可能没有什么特别实质性的证据可以去跟老师说，是吗？

受访者：嗯，对，然后跟我爸说了一次。

访问者：他有什么反应呢？

受访者：他就觉得很生气啊。反正跟很多人都说。

访问者：就是你还其实向挺多人倾诉过了？

受访者：对，因为常年不跟宿舍的人玩，所以其实在外面、就在学校里头社团什么的，也会有很多同学朋友的，就会跟他们讲。

访问者：好，除了你爸还有你的这些室友，你遭受了这么长一段这种对待，就有哪些人会知道，会知情？

受访者：关系好的一些同学。

访问者：就是你在班里的一些朋友，或者社团里的一些朋友？

受访者：嗯。虽然说是社团里的，但是那个社团里面我们班的人还挺多的。对，我们学院的人、我们专业的人还挺多的。

访问者：就有一些重叠，这两拨人？

受访者：嗯，就是肯定会认识，有一部分人肯定是认识的。

访问者：好。这么长一段时间的这种欺凌，它最后是怎么结束的？是有谁进来干预还是发生了什么事？它最后没有再继续？

受访者：就是最后毕业了嘛。因为后面是考研之前，她们就有一些人不在宿舍里待着了，（出去）找工作。考研的也要复习。后来三四月份，复试、找工作实习什么，就更是大家都不怎么在宿舍里聚着，宿舍里很少有大家都能凑齐的时候。

访问者：相当于大四的时候，基本上大家都互相不怎么接触了，也就没那个机会再对你做点啥了，所以就……

受访者：大家也没有闲心成天再想这些了。而且当时我也不一定一直都在宿舍里。

访问者：就那样相当于也算是冷却下来了。冷却下来之后，你有没有做点什么？还是你就不管它，就让它过去了？

受访者：后来就跟她们就再也没有联系了。

访问者：在那段时间内，你就算是一种保持沉默吧，后来毕业了就失去联系这样子？

受访者：差不多。

访问者：好，在前期她们那么长一段时间里对你做这种事，你有没有反抗过或者是反击过？还是说你那么一直承受着？

受访者：对，我觉得就是因为我反抗得最激烈，所以我被欺负得最惨。

访问者：就是因为你反抗太激烈，你会做一些什么来反抗？

受访者：比如说那个运动员她经常要让人去帮她做事，就很无理的要求，比如她人在那坐着，她让你去帮她洗个水果，这样是不是很无理的要求？还有一次说她作业不会，她要让你帮她做作业。

访问者：她只会这样支使你，还是对其他人也会？

受访者：对其他人也会，但是我会拒绝她，我就成了那个被孤立的。

访问者：所以其实可能一开始的时候，她是谁都可能欺负，但是因为你反抗了，最后就变成她带着其他人来针对你？

受访者：差不多，类似这样子。而且我觉得大学那段时间可能大家都不是很成熟，好像很势利，就是谁家有钱谁家没钱或者是条件一般她都会看在眼里，不然的话她也不会去用物质拉拢某些人这样。

访问者：后来她们三个一起联合欺凌你的过程中，她们三个之间会不会有时候也互相欺负，还是说就变得异常团结，全部来针对你？

受访者：这我就没注意了，屏蔽掉了。

访问者：好，可以理解。有一个问题是，你觉得她们每次那样欺负你孤立你，对你说一些很不好的话，在你看来她们会有什么反应？或者是获得了什么好处？她们到底为什么要这么干？

受访者：我觉得长期动机就是互相比较，其实大家都有一种竞争意识，不是说光她对我，比如说组会上，还有一些其他方面，就是我跟另外一个，因为只有我俩有可比性，然后我会跟她，在这方面可能会相对来说有一些竞争。

访问者：你是说你和那个运动员竞争吗？

受访者：不是，是我和那个东北的。就跟她可能在学习情况上什么都很相似，但是其实我觉得我是一个在学习上还挺佛系的人。其实我都不想较量这个东西，反正大家都是属于那种，比较小心眼这样，时间长了会有一些矛盾。一般宿舍其实有矛盾也很正常，但是具体为什么联合起来对付我，这个就有点想头，可能孤立别人有一种快感？我觉得可能是有这个心理，这种就是感觉很舒服，就是损人不利己的这样的一个行为本身，就给她带来一些精神上的仪式感。

访问者：取乐，就是从这个事儿？

受访者：对。还有就是我觉得她们可能太闲了，我其实在大学好像基本上没有超过九点钟起床，基本上都在、可能6点多7点，基本就起（床）了，就忙忙碌碌，我也不太跟她们玩，不太想跟她们玩，因为大家都有自己的兴趣爱好，不能要求所有人都跟她玩儿。我觉得这一点是很重要的，就是我不想跟她们玩，然后就让她们觉得我不喜欢她们。她们经常会说你就不喜欢跟我们玩，就喜欢出去找别人玩。但是我真的不想跟她们玩。

访问者：她们就觉得你有种敌意，后来就那样，可能有一点点报复之类的，是吗？

受访者：报复说不上，因为我觉得可能一开始因为我不经常在宿舍，她们就会觉得我不想跟她们玩，然后就是另外一说了，主要就是那个东北的同学，我感觉她们那边人是不是就喜欢搞这种拉帮结派，我怀疑是一个背景性的特征。她就一定要孤立别人，比如说上学，去上课，就反正必须得身边有人，她就这种人。以前大家都不成熟，感觉就必须得有个伴儿那种感觉的。

访问者：好。你觉得你在那么长的一段时间里，在宿舍里受到这种对待，你当时受到了什么伤害？

受访者：我跟你说，我感觉我的伤害已经从心理表现到身体外化的那种。其实我有点心脏不太好，然后那段时间心律不齐特别严重，去吃中药调理。我去（看）中医，还专门吃了中药。气血不足，气血啊，就每天生气，尤其这种。然后还有啥？有点抑郁。而且我感觉我真的大一大二没有这样子过，就大三之后，就发现心理状况不太好。

访问者：是因为她们在大三那段时间对你的这种不好的对待比较严重吗？还是？

受访者：还有可能跟考研压力也有关系，反正各种事情，肯定不是她一个人、一个宿舍的原因。但是有一件事情让我很害怕，有一次我中午在睡午觉，当时我的腿疼就坐起来了，有床帘，我坐起来也没有声音。然后那个运动员，她很高大我跟你说，我们那个床当时特别高，然后她就把我的帘子轻轻掀开了，然后，看见我坐起来了，还冲着我笑了一下，就把帘子放下了。当时吓死我了。

访问者：天呐！听着就很恐怖。

受访者：还有就是我考研的时候不是中午一点钟到两点钟睡个觉嘛，那段时间她中午运动，她在宿舍里面外放那个什么操什么音乐，她非要在那个时间运动，你见过有人在中午运动的吗？还有那个说丢钱的同学，那个人我一直觉得她脑子有问题，按理来说，看视频什么的自己都戴耳机看，她看视频站在我旁边外放，还是声音最大。

访问者：她故意走到你旁边去？

受访者：我觉得她不是故意，她就是喜欢站在那个位置，在那还外放声音看视频。宿舍一开始有一个人外放看视频或者听音乐什么的，她就学会了，这么多年我从来都是要么悄悄地自己看，要么戴耳机看。这会影响别人，这是一个多么正常的自己会反思到的问题，她不。反正那段时间宿舍一个小时，十二点半到两点半左右，那个宿舍绝对是吵闹的，然后这个时候两点半我要起床了，做运动的躺下了，看视频的上床了。那段时间真是折磨死我了。

访问者：好，你当时在遭遇她们的欺凌之后，你会是怎么样的心情？

受访者：生气，生气肯定是第一个（反应）。当时就没有现在这种状态。上了研究生之后我感觉我也变凶了，但是当时好像我就不够凶，生气时我就只是自己发发脾气，会找别人倾诉。

访问者：好的，你觉得这个欺凌事件它对你后续有没有什么影响？

受访者：首先我可能对宿舍关系就有点害怕，上研究生之前我就一直害怕，一直害怕。当时反正好几个人，我就说万一我的研究生舍友还是这样怎么办、怎么办。不过研究生室友都还蛮正常的，我觉得还挺好的。我也会反思一些宿舍关系，比如说人家要出去聚餐，你不能老拒绝别人，平时会给室友带一些零食之类的，反正就是比以前会处理这个宿舍关系了吧。

访问者：就现在是吗？

受访者：对。重点其实还是因为宿舍的人比较好。

访问者：也就是在欺凌事件发生之后，你可能会有意识地就是在宿舍相处一方面自己去做一些努力啊、调整啊之类的？

受访者：嗯。

访问者：好，在这个事发生过后这么长一段时间里面，你去回想它，你的心情有没有发生什么转变？你对这件事的感受有没有什么转变？

受访者：我想想，一回想一反刍，这个消极情绪就越来越高，然后就持久地弥散在自己的心头。

访问者：直到现在也是？

受访者：嗯。肯定没有当时那么感觉身心受伤害，现在可能好那么一点点。

访问者：好，所以你现在回想欺凌事件，你的心情还是挺难过的？

受访者：难过，因为我觉得当时应该能帮我的人没有帮我。除此之外就还是生气。

访问者：生气，对当时你的那些欺负你的人？

受访者：嗯。

访问者：好，你现在回想她们，欺负你的舍友，你会是什么感受？

受访者：我觉得，我不能欺负别人。我的意思就是说，我觉得她们欺负我是因为她们太闲了。我一直到现在其实觉得，我刚才一直跟你说，她们好像智商不高，有这样的感觉。那个东北同学，她倒不是说智商低的问题，她可能就长期生活在那种传闲话、讲别人不好的这样一个环境当中。

访问者：好，你会不会希望对她们说什么，就是欺负你的那些舍友？

受访者：不希望。

访问者：好，如果想象一下，你会希望对当时的你自己说什么吗？

受访者：我觉得我当时处理这件事情的办法也是我唯一能做到的方式。因为当时那个情况下感觉考研复习是第一要务，其他真的好像很耽误时间，不想对它去多浪费时间，所以我一直选择逃避。如果要是现在，就是希望自己少一点逃避吧。

访问者：非常感谢你能配合。

给学生个人的指导建议

写给学生的话

当你再次遭遇校园欺凌的时候，你需要更加冷静地给自己做一些应对的储备，让自己对付欺凌者的工具箱更加丰富一些。

今天可以做的事

1. 你可以参考以下的工具箱，给自己做一些更多的应对行动储备，也可以检视一下自己是否有一些无效的反应。

可以做什么	不要做什么
预先思考如何回应	不要冲动脱口而出，特别是网络上，这会给欺凌者提供口实或弹药
面对面的时候，保持自己的表情是中性的	不要让欺凌者看到自己的害怕
展现自信	不要用暴力回应欺凌，暴力是弱者最后的庇护所，也是变相承认自己的无力
用短句来回应："这是谎言""停下"	不要提高声调或音量，不要用侮辱性语言来回应，不要把自己变成自己最讨厌的人
无视对方说的话	不要把对方说的话当真，谣言和侮辱是对方的低级表现，不是你的
远离对方或避免打架等冲突	不要为了报复，让自己更深地卷入打架等冲突中

2. 对比下面表格中的例子，学习避免消极回应甚至是侮辱性语言，选择积极的甚至是幽默的回应。

消极回应	积极回应
你真是流氓、恶棍，太可恶了	太搞笑了，该长大了吧
你真是笨蛋	要么比比成绩，不然我建议你管好自己的事
我不丑，你才丑呢	真的吗？你就只能想出这种词来？
你滚蛋	我不会再继续这个对话了
我恨你！	生命不值得耗费在无聊的人身上

3. 学会忘掉欺凌者的行为，不要让自己浪费时间在负面情绪之中，你可以参照以下的步骤来采取行动。

步骤	行动
1	告诉自己我有决心不让这个人不让这些话持续打扰自己
2	给自己30分钟时间，设定好闹钟，用健康的方式来表达愤怒和痛苦，即把自己的负面情绪写下来，画出来，任意表达。在30分钟闹表响了之后，做一个深呼吸，然后把纸撕掉扔掉

续上表

步骤	行动
3	准备一句跟自己说告诉自己要冷静的话，反复默默对自己说
4	做一些配合这句冷静指导的事，在学校可以洗脸喝水，在家可以做运动听音乐
5	和一个自己信任的人倾诉，哪怕这个人不能帮助你解决欺凌问题
6	做一些建设性的事情，比如学一个技能，或者帮助另外一个人，把自己的愤怒和痛苦转化为另外一件更积极健康的事情

给家长的指导建议

写给家长的话

越是面对重复的校园欺凌，家长越要审慎采取行动。成年人直接介入可能看起来会立竿见影，制止欺凌，但是这不是最终的解决之道。如果孩子重复地成为欺凌的目标，那么我们更需要和孩子一起挖掘根源，给孩子更多内在的力量，让他自己学会处理这些问题。毕竟每个人面对的生活变幻无穷，家长不可能每次都介入。要选择一些非常基础的适合于各种情况的应对技巧，给孩子做好储备，比如在面对欺凌者的时候，如何控制好自己的身体姿态，展现自信、尊严和坚强。

今天可以做的事

家长可以和孩子可以参照下述步骤和孩子进行一次讨论，面对校园欺凌时，如何以一种自信坚强的身体姿态来喝止对方，或者保持自己的尊严。

1. 和孩子讨论不同站姿、走路姿态给人的印象。

可以直接做表演，以夸张搞笑的方式，营造一个轻松的气氛。

2. 和孩子讨论和别人说话的时候，如何展现自信。

可以给孩子展示不同身体语言的对比，和孩子通过演练对话的方式来引导孩子学习这些更积极的身体语言。

3. 引申讨论一下，如果这些积极的身体语言做得过分夸张，又会带来什么效果。

以夸张的表演来结束这次愉快的亲子教育对话。

下面提供了不同身体姿态的对比：

积极	消极
站直身体	弯腰歪身
挺胸抬头	驼背低头
眼睛直视对方	眼睛看地上或眼神四处飘忽
说话用短句	说话用长句，急促不间断
声音低沉平稳	声音尖细而飘忽
表情平和，没有特别的表情	表情流露出害怕

给老师的指导建议

写给老师的话

如果欺凌事件多次发生，那么我们看到的其实一定只是冰山一角。冰冻三尺非一日之寒，这些暴露出来的事件，一定在背后有一个持续的诱因和积累发展的过程。面对这种情况，我们的应对措施也要相应做好提升的准备，要考虑调动全班所有同学共同参与，以群体的力量帮助老师共同展开预防校园欺凌的工作。

调动全班学生积极参与到反对校园欺凌的努力中，需要引导学生理解和思考旁观者这个角色该如何采取行动。

今天可以做的事

设计并实施一个综合实践学习的项目，来调动全班同学参与到反对校园欺凌的努力中来。

综合实践学习项目的目标建议：
○引导学生正确处理人际冲突，防止普通冲突发展为校园欺凌
○引导学生思考在冲突中，做好临时应变的准备
○引导学生学会做如何关心他人，把校园欺凌的旁观者动员起来对抗欺凌
○基于以上思考，请学生共同制作帮助其他学生预防和应对校园欺凌的宣传材料

综合实践学习项目的开展步骤建议：

1. 在一堂班会课上正式宣布，全班将用一到两周的时间专门开展关于如何应对校园欺凌的讨论，并最终请每位同学制作一些宣传预防校园欺凌的材料。

2. 先请学生思考并讨论，有哪些情况可能导致冲突，可以给学生发以下的问卷，请他们两两配对，进行讨论并填写。

（1）你曾经因为什么原因和别人发生冲突？列出最多的三个诱因
①
②
③
（2）和你一起讨论的同学曾经因为什么原因和别人发生冲突？列出最多的三个诱因
①
②
③

将学生填写的导致冲突的诱因收集起来备用。

3. 邀请两个学生把导致冲突的诱因表演出来，然后请全班同学讨论，这种冲突如果发生了什么变化，就会成为校园欺凌。可以引导学生关注校园欺凌中不平等的权力关系及其带来的心理伤害，可以邀请更多同学以表演方式来引申诠释。

4. 开展关于"旁观者"的讨论。

引导学生思考，如果看到一个冲突演变为欺凌，或者你看到了一个事件，不确定是不是欺凌，这个时候，旁观者可能会做什么？引导学生区分带来伤害和有助于解决问题的不同做法：

旁观者的消极行动	旁观者的积极行动	在需要保护自己的情况下可以采取的积极行动
加入欺凌者	制止欺凌者	私下询问受害者如何帮助他
嘲笑受害者	批评欺凌者	为受害者提供安抚、倾听
无视受害者	举报欺凌行为	私下向一位可信任的成年人说明需要关注哪些人

5. 以"目睹了欺凌事件可以做什么"为主题，请学生在班会课结束后继续思考，准备在下节班会课上以小组展示汇报或者小组情景剧等形式继续学习。

6. 在第一节班会课结束后，安排学生将汇总的导致冲突的诱因收集起来，然后分发给所有人，使用数学工具，对诱因进行分类和统计，找出全班同学最有可能导致冲突的诱因，然后可以针对男同学和女同学这两个群体进行比较。这是一个在生活中使用数学和科学思维的综合实践学习项目，项目的成果产出是三份报告："导致冲突的十大诱因——全班""导致冲突的十大诱因——男生版""导致冲突的十大诱因——女生版"。

7. 在第二节班会课上，首先展示导致冲突的诱因，并引导学生进行头脑风暴，讨论如何应对这些带来冲突的行为。

8. 按照计划安排学生以小组展示汇报或者小组情景剧的方式展示他们对于"目睹了欺凌事件后能做什么"这个问题的回答。

9. 邀请全班同学基于这些收获，制作一份宣传预防校园欺凌的海报。

10. 在第二节班会课结束时，给每个学生留作业，请每个人给一位正在遭受校园欺凌的同年龄学生（可以虚构）写一封信，给这个学生鼓励，并给他一些建议。

给学校管理者的指导建议

写给校长的话

当校园欺凌事件暴露了不止一次的时候，整个学校的反校园欺凌工作其实已经到了一个紧要关头，需要考虑广泛动员学生，把隐藏着酝酿校园欺凌的文化土壤暴露出来，将旁观者转化为主动抵制校园欺凌的生力军。

今天可以做的事

1. 对全校教职工进行校园欺凌主题的专项培训，引导教职工熟悉本校对于校园欺凌的立场、政策和行动流程。

2. 与全校教职工进行讨论，把校园文化中有助于应对校园欺凌的部分和潜在的可能助长校园欺凌的部分进行区分，并讨论如何改善校园文化环境。

内容	有助于反对校园欺凌	无助于反对校园欺凌
校规校纪		
文化传统		
处理流程		
针对校园欺凌事件的管理结构		
学校能够提供给学生的支持资源		
校园活动		
教职工对校园欺凌的态度		
教职工对校园欺凌的知识		
教职工与学生的关系		

3. 与全体教职工讨论，了解教职工在获得校园欺凌信息过程中的困难，并与教职工开展讨论，考虑在应对校园欺凌的行动流程中，设置一些步骤让学生能够参与其中，包括定期开展学生的小组专题讨论，或者设立专门的学生委员会针对校园欺凌展开宣传教育工作，将学校的反对校园欺凌政策与行动流程以图文并茂的方式，以学生自己的语言进行宣传和教育。

逐级提升的应对

化解亲子冲突的沟通方法指导

应对校园欺凌的"孙子兵法"

军形篇
——增强自身实力，开展培训学习

应对校园欺凌的
"孙子兵法"

在确立了决心、构建了政策、落实了行动流程之后，我们要借鉴《孙子兵法》的智慧，"先为不可胜"，关注自身的成长和强大，来从根本上战胜校园欺凌。具体而言，可以通过形式多样的培训学习来增强个人、家庭、班级和学校的社会情绪能力，以更强大的内心，应对校园欺凌的挑战。

有两个主题的社会情绪能力培训对于应对校园欺凌非常重要。第一是帮助每个人提高内心的情绪调节能力，提升克服困难并解决问题的韧性。第二是广泛开展沟通技巧与社交策略的学习提升。

通过培训学习，提升情绪调节能力

我们会很自然地因为某些事开心，因为某些事难过。但是开心和难过并不是必然的。面对同样的一件事情，如果我们头脑中的信念不同，我们最终会体验到完全不同的情绪体验。经典的例子是，你看到半杯水的时候，当你认为还有半杯满的，可能会很开心，而当你认为有半杯空了，就可能会很难过。

校园欺凌给我们带来很多层面的伤害，身体上的可以请医生帮忙给予治疗，但是更隐蔽的、更长期的伤害往往来自我们内心受到的心理伤害。这种心理伤害大部分时候都是由不断涌现的负面情绪而造成的。

应对校园欺凌，我们需要关注提升每个人的情绪调节能力。这不仅可以帮助校园欺凌事件的受害者走出阴影，也可以帮助受害者激发勇气与校园欺凌进行斗争。同时，情绪调节能力的提升对于欺凌者也会有帮助，可以降低人际关系困难和冲突中的暴躁和冲动的情绪反应，引导欺凌者做出更符合道德准则的选择。

案例访谈

访问者：好，我们正式开始。首先我要了解一下你的基本信息，性别女，年龄是？
受访者：22。
访问者：好，你现在是在读书吗？大致情况可以介绍一下吗？
受访者：我现在在读书，考研成绩已经出了，在准备复试。
访问者：好的，接下来就要问你关于欺凌事件具体过程的问题了，过程中你有任何感到不适的地方，可以立刻打断我。

受访者：我可能记得不太清。

访问者：没事，我会问你一些问题来引导你。好，第一个问题是，这件事发生在哪一年？

受访者：我想想，发生在初二和初三，先是初二有一次很小的事件，初三的时候大概持续了两三个月。

访问者：是两次吗？

受访者：对。

访问者：好，首先当时这个欺凌事件是如何诱发的？有没有什么导火索，它为什么会发生？你可以先跟我讲，你说有两次，可以先讲第一次。

受访者：第一次好像是在初一还是初二，记不太清了，因为我小学是在外地读的书。刚转回来，当时家里面刚买了房就特别穷，我记得我爸爸给我买了一辆自行车，车身上全是锈，我骑着上学。后来我当了班长，那时候好像是在初二，有几次我回家的时候发现，那辆自行车车篓里面有垃圾，他们可能把车棚里面打扫了，我们每个班有车棚，整个垃圾都倒在我自行车车篓里面了。

访问者：你知道是谁做的这件事吗？

受访者：我知道大概几个人，是几个男生，因为打扫车棚的一般都是那些经常逃课的学生。

访问者：是你的同班同学吗？

受访者：对，应该是，打扫我们班的车棚嘛。

访问者：好，他们除了把垃圾放在你的自行车车筐里面，有没有对你做别的什么事？就是在第一件事中。

受访者：第一件事中没有，那是第二件事情中。

访问者：当时他们把垃圾放在你的车筐之后，你是怎么处理的？

受访者：我当时没有做任何的处理，因为这件事情我不知道和谁说。当时我有一个特别好的朋友，每次放学都会和我一起回家。有一次垃圾倒车筐里面，很难整理出来的，你要把整个车给翻过来，然后把垃圾倒掉，我当时看到其实我不想要那辆车子了，我就想走回家，然后我那个朋友她就说没事，她当时还说了一句话，她说谁让你的车子那么破，我那一刻就觉得好像被刺痛了。

访问者：也就是当时这件事发生，你的朋友她是在旁边，旁观到了。

受访者：对。

应对校园欺凌的"孙子兵法"

访问者：她是唯一一个知道这件事的人吗？你有没有告诉什么其他朋友、家人或者老师之类的？

受访者：没有。

访问者：没有，是因为你觉得这个事儿挺小的，还是？

受访者：我觉得知道之后他们又能怎么处理呢？

访问者：好。所以发生在你初中的那件事，你没有做什么，也没有人干预进来，就是那样结束了，对吗？

受访者：对。

访问者：我可以问问吗？当时你看到你的车被弄成那样，你朋友也在旁边，你心里的感受是怎么样？

受访者：初中的时候因为我成绩很好，我就不管其他的事情，我记得那天肯定很伤心，其实前面也有几次那样的事情，但是那一次我特别伤心，然后我就骑着车子回家。

访问者：就是像这样把垃圾放在你的自行车里，之后还有发生吗？还是就这么一次？

受访者：应该有两三次，但是最后一次我印象特别深。

访问者：像这种把垃圾放在你的自行车里，或者之后发生的那个小事，就是这类事件，可能像你说的就是那么几个人，你还能回忆起来这些小的欺凌间隔有多久？

受访者：我觉得可能就是，不连续的，间断性的，比如说有三四次可能倒进我垃圾篓里，然后可能隔一天、两天隔一个星期，我们车棚是一个星期打扫一次，或者是两三天打扫一次。

访问者：那这件事除了你那个旁观过的朋友，你没有告诉任何人，老师也不知道，学校也不知道，没有任何人对你帮助什么的？

受访者：对，没有。

访问者：好，那我们现在聊一聊第二件事，可以吗？

受访者：好。第二件事是在初三，当时的我看到什么不满意的就会说出来，我有一个特别好的朋友，当时可能特别好，我们每天一起上学和放学。

上学的时候我记得很清楚的就是初二和她分到一个班，你知道一整年我都每天5点多起来，然后去叫她，可能6点到她家，然后我叫她起床洗漱，再一起去学校，可能6点半或者是7点到学校。后来我还是那个点起床，她就起不来了，然后又有几次到冬天的时候我们又一起上学，整个路上我有时候就会聊我们班的事，对谁不满意我就说出来，我说那个人真是自私，什么什么的。但是我只和她一个人说。

初三分班之后我和她还是同一个班，大家又重新排座位，然后我就发现周围没有一

110　军形篇——增强自身实力，开展培训学习

个人愿意和我说话。那段时间大概持续了一个月，然后有一种场景，他们可能有零食分，分了我前后左右4个人，却唯独没有分给我，就很明显的排挤。

访问者：之前那个你说的还分在一个班的好朋友呢？

受访者：对，就是那个朋友，后来我知道是那个朋友把我当时说的坏话都给他们说了，就说我是一个爱说（别人）坏话的人，就不要和我玩那种。我不知道她为什么突然把我们那些秘密都告诉其他人。

访问者：她是告诉了全部人吗？还是说？

受访者：就是班里面的所有女生。

访问者：所有女生。就是那时候可能还是女生跟女生玩，男生跟男生玩，但是她就告诉了所有女生？

受访者：对。

访问者：那你们班里除了这些参与欺负你的人，其他人知道吗？

受访者：知道。当时我知道这些事情，是因为每次放学的时候，我其实是很少去关注自己身边变化的一个人，直到有一天上体育课，我自己一个人站在那，我一过去他们就慢慢散开，我当时真的很难受，然后我就一直呆在角落那里。

访问者：那里面没有男生，是吗？

受访者：那时候男生和女生都是分开玩的，大部分。因为刚分班，也不认识多少男生。后来我有一次放学是和另一个班的一个女生一起回家，正好她男朋友来接她，她在分开之前，我就问她一个问题，我说我觉得最近好像没有人愿意和我说话。然后，她沉默了一会，她说你知道吗，我最近听谁谁说你说过很多人的坏话，大家都不愿意和你玩，她让她们不要和你玩。我当时整个人都懵了，其实身边的朋友应该都知道这件事情。

访问者：好。比如在教室里，他们会有哪些比较具体的表现，在其他场所又会有哪些比较具体的表现，就是对你的这种排挤？

受访者：当时我知道他们在排挤我之后，我就已经习惯自己一个人做事情了，集体活动的时候，我记得大家问问题可能都不问我，因为我成绩比较好当时，分东西的时候就会刻意地避开我，上体育课的时候我自己一个人站在角落，没有人找我，就很尴尬。

访问者：这些事发生的时候，有没有人注意到，然后过来帮帮你？

受访者：对，有一个，我记得很清楚。有一个我们那边留级的女生，她年龄比较大，她应该比我们大一岁，她就整个人很成熟，当时我记得体育课的时候，我就蹲在那里玩那个草，一直在拔草，然后那个女生当时就硬拉我起来，把我拉到那个团体当中，

军形篇——增强自身实力，开展培训学习　111

我说我不知道干什么,她把我拉到那之后,我整个人站在那里很尴尬,后来我就忘了发生了什么。

访问者:她是唯一一个愿意在这件事中对你施以援手的人,是吗?

受访者:对。但在当时我觉得她如果陪我蹲在那儿其实也是一种帮助,但是她把我拉到那(人群中)之后,我就觉得整个人更加尴尬了。

访问者:好。那在第二件事前前后后,你是怎么处理的呢?最后它是怎么结束的?是有人干预进来了还是?

受访者:应该过了一两个月左右,因为那个时候要中专考试嘛,大家都开始忙起来了,开始有人问我问题,因为我当时虽然知道别人对我那样,但是我还是保持一种比较乐观的形象,我很爱笑。

我记得很清楚,后来写同学录的时候,当时有人好像承认自己做了这件事情。我记得那个女生就写说,当初开学的时候,谁谁谁说你这个人很不好相处。她说和我相处之后发现我并不是这样的人,她当时好像还跟我道歉了,此后我才觉得这件事情就结束了。

访问者:你觉得对你来说那是一个比较正式的节点,过去的那些欺凌你可以放下了,是吗?

受访者:对。

访问者:我问你一个问题,你觉得当时那些女生她们为什么要这样对你,你觉得她们难道是说获得了什么好处?在欺负你之后她们有什么反应?她们为什么要这么对你呢?

受访者:我觉得可能当时我确实说了很多别人的坏话,和那个女生。然后那个女生可能就告诉每一个当事人,我觉得我肯定有做得不对的一方面,另外就是那个女生交朋友挺厉害,但是她交朋友时,她不喜欢的人,她希望你也不要和他玩。当时初中大家喜欢抱团。

访问者:所以你觉得在你那个朋友的引导下,可能有点像从众啊什么的,一个人那么做了,然后之后很多人就都不去理你,这样子吗?

受访者:可能是,但之后我也反思了,我再也不说别人的坏话了,差不多。

访问者:好,这件事带给你,应该主要是心理上的伤害。你觉得你受到的最大的伤害是怎么样的?

受访者:最大的伤害是什么意思?

访问者:就是你的那种被伤害的情绪,你觉得最强烈的是一种什么样的感受?

受访者:我回忆这件事情的时候就没有回忆第一件事情那么难受,因为我现在和当初那个说我坏话的女生每年还会聚餐什么的，就是大家曾经玩得比较好的一些同学。

访问者：就是现在反倒还是朋友？

受访者：也不算是朋友，就是大家在饭桌上还能一起吃一起玩。

访问者：那你们会不会聊到以前发生的这件事？

受访者：我们两个从来都没有聊过，大家都心照不宣。

访问者：从始至终都没有提到过？

受访者：对。

访问者：好。第二件事它持续了大概有多久？

受访者：大概一两个月。

访问者：在这一两个月里，你就一直这样被排挤、被孤立是吗？

受访者：对，但当时我也有个特点，就是我成绩一直是那个阶段第一第二那种，我就觉得只要我成绩好，没有什么可以影响我的，而且我只要考了一个好的高中，可能会有所改变。

访问者：你有没有告诉其他朋友，或者老师和家人，让其他人帮帮你，或者向他们倾诉一下？

受访者：我当时和我一个朋友说了，他说也听说了这件事情，但是他说"我觉得你不是那样的人"。我们当时不在一个班，这个反馈让我也懵了一下，我当时只是说我好像最近有很多事情，他说他听说了，我就觉得原来他也知道，都已经传得那么厉害了。

访问者：所以你的家人还有比如班上的老师，他们都不知道？

受访者：不知道。

访问者：那我接下来就是问你，你可以分开这两件事回答，也可以把它当作是你在初中遭遇的一些欺凌一起来回答。首先第一个问题，你觉得这些欺凌对你自己后续的生活、人生之类的有没有什么影响？

受访者：我觉得经过这些事情之后初中我还是敢于反抗，到高中的时候我就觉得，我整个人就变成一个讨好型人格，不敢生气。

访问者：就是你压抑着自己的情绪？

受访者：当时好像没有那种感知自己情绪的能力。我觉得我生气的话，会不会不开心？大家会不会不喜欢我？

访问者：好。那你现在回想，从那些事发生到现在这么多年，你再回想它的过程中产生的心情、感受有没有什么转变？如果有的话是怎么一个转变？

受访者：刚刚我回忆第一件事情时还没说完，我回到家看到那个家里面都云雾缭绕的，我当时就和我妈说了一声，我说我出去一下，当时我就在河堤站了得有一两个小时。那一两个小时我都在哭，哭完之后我就回家了，回家之后我妈妈就对我说，就说回来那么晚，她当时就训了我一下，我当时就觉得心里面更委屈。

访问者：那你有没有在长大之后试着和她重新提起这件事呢？

受访者：我觉得相比于他们倒垃圾那件事情，我可能更难接受的是我妈妈对我的态度吧。后来我和我妈妈好像说过一次，当时我就说我初中过得很不好，我妈妈当时她就很愧疚，她说她知道，说我发生的事她都知道。当时我就问我是不是和她提过。对，别人倒了三四次垃圾嘛，我应该是第一次和她提了一下，后来我再也没有和她说过。

其实我一开始是很不能理解的，大一大二的时候，那种心理的自我成长，我每次想到这些事情我都会哭。后来就释怀了。我后来可能大三大四的时候我就理解我妈妈，她当时也没有得到足够的爱，她又怎么能给我呢？

访问者：所以你相当于自己在心里谅解了她，虽然她可能没有说什么。

受访者：对。当时我们家生活得很艰辛很不容易，那时候我爸妈他们一吵架就会打架那种，我妈妈本身也受到很多伤害，我就觉得她当时也挺不容易，我就能理解她了。我今天和你说这个事的时候，我以为我释怀很久了，其实大一大二的时候真的很不理解她。

访问者：你有没有想过找一个契机啊什么的能和她聊一聊，就是这些东西？

受访者：就是每次和她说的时候，其实当时说的契机是，是尤其在大学，考研的时候，我当时给我妈妈打电话，我妈妈当时，我妈妈经常给我打电话就哭，然后我就说没事，哭是很正常的，我说我现在也还爱哭呢，然后她就，她当……

访问者：她哭了，是吗？

受访者：对。其实她也有很多的伤痛，她经常给我打电话，一说到以前的事情就会哭。我当时就对她说，我说哭是很正常的，我说我现在也经常哭呀，她当时就懵了一下，她说你现在哭什么呀，她说你过得不开心吗？ 然后我说我一直都爱哭，我初中的时候也爱哭，当时她就说你初中的时候我知道，有人把垃圾倒你车篓里面。

访问者：她说她知道？

受访者：对。这是我想到的一件事，我就没再敢，我就没再继续说下去了，这个话题。

访问者：好。那我还是接着问你一些问题吧。我想问你，你现在回想这两件事儿，你会是一个怎样的感受？你是都已经放下了，还是？

受访者：我觉得我放下了，但没想到现在我说出来还是有很大的情绪波动。

访问者：那你回想当时欺负你的那些人，你现在是什么感受？

受访者：我觉得没有什么，没有那种怨了，也没有什么很生气的事。我觉得那些事情也带给我成长。

访问者：也带给你成长？

受访者：对。因为我一直在想初三那次排挤，我就觉得自己真的不应该，那两个月我就无数次都在告诉自己，我说我为什么要控制不住自己说他们那些坏话，而且还是和那个谁说。早知道当时我就，我说我以后再也不评价别人了。

访问者：我觉得你不用在回忆的时候老是把错误归因到自己的身上。无论你做什么，你都不应该遭受到那种，就是，很残忍的对待。那你现在回想起她们，心情已经很平静了是吗？

受访者：我觉得我只是回想的话，心情会很平静，但是和你说的时候好像又重新去体会了一下。

访问者：如果给你一个机会，你会希望对当时在那些事件中的自己说些什么吗？

受访者：我觉得你刚才说的那段话就挺对的。

访问者：希望你没有受到二次伤害，我还在做这个访谈之前挺担心这件事的。

受访者：没有，学心理学的时候就会不断地回忆，我觉得这些都只是人生中的一个小事情。相比于外界的帮助，可能我更需要父母对我的理解，但是他们当时也没有做到，这个可能是我很难释怀的事情。

访问者：好，我觉得这次访谈可能差不多就这样了，我对你有一个很好的祝福，希望你之后不要受到伤害，也不希望你的身边再出现这种伤害。

受访者：嗯，好。

访问者：好，这次访谈就差不多到这里，真的非常感谢你能支持这项工作。

受访者：好，谢谢你，再见。

给学生个人的指导建议

写给学生的话

情绪是我们大脑的自然反应。开心、难过、恐惧、愤怒，这些都是最基本的情绪反应。在大脑中，负责处理情绪的区域，和我们进行自我控制、做规划、解决复杂问题的区域是不一样的。这就会导致我们在情绪很激动的时候，有可能让自己的思维受到影响。

你可能都试过这样的经历，因为非常害怕上台演讲，整个人很紧张，全身紧绷，不停地流汗，这时候，你本来已经记住的东西就突然记不起来了，你本来可以很容易就做对的计算突然就算不清楚了。这其实都是情绪干扰了我们思维的一种表现。

我们在难过、恐惧等负面情绪中可能会整个人呆住僵住，而我们在愤怒等负面情绪中则可能会整个人失去理智非常冲动。这些都意味着我们要学会控制和调节负面情绪。

控制和调节情绪并不是要你完全没有情绪，那是不可能的。每个人都可能会感到难过、恐惧或者愤怒。关键的区别是，你在体验到这样的负面情绪之后做什么，能不能让自己保持自控。

今天可以做的事

1. 和自己做一个对话，了解一下什么是保持对自己情绪的控制。

有无控制	事件
	有人散播你的谣言
	你在网络上散播别人的谣言
	有一群同学排斥你，不和你说话
	你制作了一张呼吁同学们抵制校园欺凌的海报
	有人在网上未经同意传播你的照片
	你站起来，走开，远离那个欺凌者
	有人威胁你要你给他钱，否则就打你
	你将自己被欺凌的事情告诉老师

你可能已经注意到，只要是你在采取行动，这些情景都是由你自己掌控自己的。反过来，我们其实不可能也不应该完全掌控另一个人的行为。在面对欺凌者的时候，把注意力放在自己能够控制的部分，这才是解决问题的良策。

2. 学习如何以幽默来应对校园欺凌。

请参考下面的几个例子，思考以幽默来回应对自己的好处，以及对于让欺凌者出乎意料进而停止行动的价值。

让你难受的语言	幽默的回应
你的眼睛这么大这么丑，像外星人一样	还好吧，这样我看到的更多些
你这身衣服哪里买的？太怪异了	我在一个小丑服装店买的
你长得像只大猩猩	哈，我就是很喜欢动物园

给家长的指导建议

写给家长的话

情绪调节能力包括两个重要的成分，一个是情绪的识别能力，另一个则是情绪的控制能力。对于大部分孩子来说，情绪识别的重要性要优先于情绪控制。因为情绪的控制需要我们首先知道自己处于什么样的情绪状态，然后才能采取合理的控制策略。但是很多孩子往往只知道自己开心或者不开心，却很少细致地区分识别自己的情绪状态。

提升孩子的情绪识别能力，可以通过给孩子多储备一些描述情绪的词汇来开始第一步。

今天可以做的事

安排一次亲子沟通，和孩子分享描述情绪的词汇，并且讨论分享一些经历这种情绪的具体例子，注意引导孩子区分这些情绪的细微差别。

可以参考以下的列表：
- 紧张
- 害怕
- 悲伤
- 压抑
- 孤独
- 痛苦
- 愤怒
- 恶心
- 尴尬
- 羞耻
- 被排斥
- 烦躁不安
- 压力很大

应对校园欺凌的"孙子兵法"

给老师的指导建议

写给老师的话

提升班级中每个同学的情绪调控能力,可以增加每个人的心理韧性,帮助学生调整好情绪波动,同时还可以让学生学会共情,彼此能够更准确地理解对方,并培养健康积极和谐的班级氛围。

今天可以做的事

以若干次班会课,开展系列情绪调控能力的提升教育,可以考虑包含以下主题:

1. 学会共情倾听。

共情是一种和对方感同身受,然后感知并理解对方情绪以及观点和视角的能力。共情是我们向对方表达善意的一种形式,也是我们认真聆听对方的一个基础。

2. 讨论如何把消极的想法转化成为积极的想法。

不论是否遭遇了校园欺凌,我们在成长中都有可能陷入到自我怀疑之中,对自己有一系列的消极的否定的想法。

请全班同学共同讨论,如何把下列这些消极的想法换一个视角,以一种积极的方式表达出来。

消极表达	积极表达示意(请学生自己讨论)
我很失败	我还有可以进步的地方
我很笨	我心思单纯
我恨我自己	我对自己要求严格
我太胖了	我很希望多做锻炼
每个人都嘲笑我	每个人好像都很关注我
我太丑了	我长得很有特色

3. 引导学生学习如何控制愤怒。

讨论一个人愤怒时的表现

愤怒时的自控反应	愤怒时的无自控反应
走开	打人
告知对方停止他的行动	骂人

续上表

愤怒时的自控反应	愤怒时的无自控反应
缓慢地深呼吸，引导自己平静	急促呼吸，任由心跳加速
做一些积极的事情转移注意力	压抑愤怒
和让我愤怒的人冷静交谈	报复对方，起外号传谣言等方式
讨论一个人被激怒之后能够采取什么样的行动，让自己重新冷静下来	
用冷水洗脸	
做一些体育运动	
听音乐	
和朋友聊天倾诉	
欣赏天空	
读书	
画画	
唱歌	
整理自己的书桌或衣柜	
把让自己不舒服的事情写下来	

给学校管理者的指导建议

写给校长的话

重视情绪调节能力的教育和培训，不仅对解决校园欺凌问题有帮助，而且对于提高学生的考试成绩也可能会有好处。

学生在考试中的成绩，不仅仅取决于学生的知识水平，还和学生考试过程中的情绪反应有关联。

如果一个学生在考试前或者考试中过度紧张焦虑而不会排解，那么他在考试中的思维效率会被干扰，最终分数也会受到影响。

因此，在学校教学工作中，安排一定的时间开展情绪调节主题的系列学习是非常有价值的选择。

应对校园欺凌的"孙子兵法"

> **今天可以做的事**
>
> 制订一个情绪调节能力相关主题的培训计划,或者系列课程大纲,然后组织学校里的心理老师、德育老师以及班主任队伍,共同基于课程大纲来开展教研和课程设计,然后在全校推广。
>
> 以下提纲可以作为参考:
>
> | |
> |---|
> | 校园欺凌中受害者的情绪感受 |
> | 你希望自己在他人心目中是什么样子的 |
> | 如何表达善意 |
> | 如何规避那些让人受伤的话 |
> | 什么让我们生气 |
> | 生气时我们会有什么反应 |
> | 使用暂停+呼吸的愤怒应对方案 |
> | 愤怒控制的角色扮演或心理情景剧 |

通过培训学习,提升沟通与社交技巧

校园欺凌发生的微观和宏观环境都是在人与人的沟通交往之中。缺乏沟通技巧,就更有可能把握不好用词用语,出口伤人;缺乏社交技巧,就更有可能无法处理人际关系,出手惹祸。

以应对校园欺凌为目标,提升沟通和社交技巧,可以侧重在沟通中以温柔而坚定的方式表达自己的立场,如何在沟通中说服别人等方面,还可以侧重在社交时如何建立友谊,如何化解冲突等方面。

这些沟通和社交技巧的学习,不仅有助于帮助校园欺凌的受害者减少伤害,解决困扰,还有可能帮助欺凌者认识到自己行为的缺陷,选择更积极更健康的沟通与社交方式来替代欺凌行为。对于数量更多的校园欺凌的旁观者,这类培训也有助于他们认识到校园欺凌的危害,并选择合理的方式与校园欺凌做斗争。

从长期来看，沟通和社交技巧学习对于每个人都是毕生需要持续学习的领域。在现代社会复杂的分工合作与高度组织化的生产中，不论什么职业，都需要在沟通和社交这样"软技能"，提升合作效率，化解人际冲突。

案例访谈

访问者：首先我需要了解一些你的基本信息，性别女，年龄是？

受访者：24。

访问者：24，好的。你现在是在读书还是工作，大致情况可以跟我介绍一下吗？

受访者：现在读研，研一。

访问者：好，我们现在就正式开始。首先第1个问题是，这件事它是发生在哪一年？

受访者：我想一下，2012年到2014年。

访问者：2012年到2014年，当时你是几年级？

受访者：高二高三。这个校园欺凌不是身体上面的，我觉得主要是心理上面的，相当于心理冷暴力那种，被孤立，会受到语言攻击，还有网络攻击。在班群或者是什么QQ空间或者这些的，会遭到一些攻击，这是不是也是属于校园欺凌？

访问者：是的，这也是属于的。

受访者：好，我从几个方面说。第一个是我自身方面的原因，我从小的性格受到家庭环境的影响，有点缺爱的那种，所以人格上面有点偏向于讨好型人格，我自我感觉需要得到别人的肯定，才能够感觉是实现自我价值，所以在高中，那个时候是青春期，性格这些方面比较敏感，比较在意别人对自己的评价，比较在意老师对自己的评价。会感觉好像生活中都是围绕着别人在转，别人肯定我，然后我才会比较高兴。这个有我家庭的原因，从小爸爸妈妈可能关心不太够，爸爸妈妈对我的肯定和鼓励不是特别够，所以就想通过别人对自己的一个肯定来满足自己内心的那种渴望，当时是有这一个心理背景因素存在。

简单地来说，当时自己的性格是比较作的，很敏感，我的朋友同学对我的态度或者是眼神、语气，对我好我就会感觉到很满足，如果感觉他们的态度或语言不太对，就会让我特别得没有安全感。这是我个人的一个原因。

第二个原因是当时要准备高考了，大家压力比较大，说得不好听一点，其实大家都是竞争者，我当时是在我们学校的火箭班，就是最好的班，班里的竞争因素也比较大。我个人的家庭环境在我们班里面算比较富裕的了，论长相的话，也挺好看的，虽然我觉得这是一个比较好的因素，但是同时也可能成为容易被别人攻击的因素，因为当时大家青春期，会有攀比的心理，不仅是在比学习，还会比家庭、外貌长相这些因素。

因为我家庭环境相对班上同学来说很好，班里就有那种比较贫困一点的同学，他就觉得我买一瓶饮料，或者是买一个包包（就是背的那个书包），都会觉得是我在炫耀。这个是有我的原因，也有他的原因，因为我确实用了好多东西可能在他们看来是比较好的，妈妈爸爸会给我比较好的一些物质条件，那些同学他可能没有，所以他就会有了那种差距感，觉得我是在炫耀，但其实对于我来说这可能就是一种很正常、很普通的生活，然后这些同学他就会对我进行言语上面的攻击，会讽刺，还会在私底下在说我这个人就怎么怎么样。这是一方面，就是家庭背景。

第二个方面就是因为我的长相可能还可以，在很多同学看来，他们觉得我长得还可以。当时青春期嘛，可能有几个男生会喜欢我，有表白啊之类的，那几个男生之中有其他女生喜欢这几个男生，那些女生也会攻击我。就是我没有跟其他男生怎么样，也没有发生什么什么，就是普通的朋友关系，可能平时说话多一点，在班里的时候。那些女孩子看到了就会来攻击我，觉得我这个人不好，说作风乱七八糟，其实我感觉我什么都没有做，就是普通的交流，可能就会有这种差距，所以她们就在语言上攻击我。

然后呢就是学习成绩，因为我成绩当时也不算特别好，但是也不算很差，算比较靠前吧，成绩名次比较靠前，又因为学习压力和学习竞争压力比较大，所以有的时候他们会很关注我的名次，每次名单名次发下来的时候，有一些同学就会看我，会拿这个事情来说事，然后就会说啊你怎么又落后啊，你这次竟然考得那么高啊之类的，这会对我自信心、自尊心产生冲击，他们会去议论这些事情。

就是说这几个方面影响我比较多，这是外界的因素哈。再加上我自身性格是偏向于比较敏感的，又有一些讨好型人格的那种特质，就会觉得为什么大家都不会肯定我，而是说要讽刺啊或者是这些的，我就会觉得我好像都没有做好，没有让别人喜欢我，就会进行否定和怀疑，这样的情绪会持续很久，不断地自我怀疑，总是在想以讨好别人、得到别人的肯定为目的，整个人比较矛盾。

这种状态持续了可能有一年半左右，就是在高二一直到高考结束这段日子，会比较压抑。有的时候他们发表不满，班群里面就直接在、在讽刺我嘛，说话令人很不舒服，具体他说什么我忘了，但是当时对我影响特别大。然后还在QQ空间里面骂我呀怎么样的。我面对他们这种语言上的攻击，首先肯定心里面挺不舒服，当时一开始是非常气愤的，特别生气，我觉得我什么都没有做，也没干啥，然后他们就这样说我，我很不满，会比较愤怒，愤怒之后又会很难过很伤感，又会觉得为什么自己这么不友好，自己会得不到别人的肯定和喜欢，还是这样。然后会非常沮丧，沮丧之后又就会进入那个一个不好的循环，就是会否定和怀疑自己。

我觉得自己好像没有什么价值了，就不想再活在世上。我现在看，当时可能是有一些抑郁症状的，会对很多事情一下子都没有了兴趣，每天感觉像游走一样，没有灵魂，没有什么快乐的事情让自己提起来那种兴致，就是比较沮丧。这种最不好的状态持续了有一个半月左右。那一个半月里面都是特别不舒服的，这一个半月是在高考前三个月左右，出现了这么一个峰值吧，我觉得是不良情绪、消极情绪的一个峰值，自己晚上睡觉的时候都会哭鼻子，躲在被窝里面会哭鼻子，感觉自己特别无助，非常委屈，很沮丧。

高考前一个月的时候，自己好像突然一下成长了，高考前一个月我也读了一些心灵鸡汤类书籍，进行了自我疗愈，对自己进行一些积极的鼓励，一些正面的暗示。看了十几本这样的书之后，心里面要比之前要好一些了。高考前一个月自己发生了一个变化，就是觉得不应该受到他们的干扰，感觉越受他们的干扰，自己考得越不好，越会遭到他们的笑话。

我觉得就是让他们想法成真。那个时候就开始自我调节，整个状态就完完全全地归到学习上面，自动把他们屏蔽了。那一个月里面自己特别刻苦认真地学习，之后高考成绩还挺好的，比模拟的分数都高出了100多分，然后才感觉那一年多的时间里面自己荒废了大量的时间和精力在这种不值得的事情上面，但是最后结果挺好的，让我自己学会了成长。就觉得不应该那么受到别人的影响，不要自己内心那么脆弱，要自己去调节，不然会进入到那种负面情绪的一个循环里面。

对，然后在高考完考上大学之后，我就再也没跟当时对我进行心灵伤害的那些同学有过联系，我没有主动联系他们，他们也不会主动联系我。但是我后来知道他们还是蛮关注我的，会向其他同学来打听我的情况。但是我都觉得不想跟他们再相处，我觉得对我的青春期那一两年的影响特别大，我的性格也在那个时候发生了很大的变化。就是说也算是一个成长，感觉自己以前贼傻，就是特别傻的那种状态，因为从小的家庭环境就是比较单纯的，就是感觉要跟别人交心。

那件事情让我突然觉得，人还是不要把自己的所有向别人展露，因为不知道这个人适不适合跟你成为真正的朋友，不要觉得每个人都可以跟自己成为朋友。对，自己也得到一个成长，内心变得强大了，以后遇到很多事情就不会先入为主，而是客观地看待一些问题，不会把自己的情绪带入到跟朋友或同学之间的相处之中，也会去保持一个距离，还有要克制自己的一些情绪。

应对校园欺凌的"孙子兵法"

这样其实交往起来还要轻松一些,因为很多时候是自己想得比较多,自己太过于敏感了,还有可能沟通不太够。所以现在上了大学之后跟大家的相处都还是挺好的,也觉得自己成长了很多。有的时候想起来高中的经历,心里面会有一点点难过,一想起来就仿佛回到了当时自己感觉有抑郁情绪的状态,就感觉非常无助,就感觉心脏突然一下子好像跳不动了,就会有那种的感受。所以我觉得可能是,对我来说是一种创伤吧,但是我现在会去面对它,就是可以去接受它,也觉得把它当作是人生的一种成长。

但是我觉得这种事情其实不是很好,当时我们老师、班主任或什么的,他其实也觉察到了,一些我的不太对,他其实当时有给我关怀的,就是比较关心我什么的。可是我觉得我们班里面出现这些情况,是因为对大家的心理健康教育不太够,那些同学都没有意识到自己是一个欺凌的行为,他们反而会抱团然后去欺负你。他没有意识到自己的行为会给别人带来多大的影响,他们也不会去换位思考,就是站在自己的角度。

还有一些同学就是,他不是说支持我或者支持他们,就是看到他们在抱团,然后就走进去了,就跟他们一起来欺负我。我就觉得对我来说是一种非常冷漠的行为。我觉得他没有自己的主见,或没有那种正义感或怎么的,又去欺负人。我当时因为自我会调节嘛,觉得好像不太对就看一些书调节过来了。但是我觉得有一些学生可能会真正发展成抑郁症,甚至走向自杀。

所以我觉得青春期是一个敏感的时期,老师要对同学们进行一些教育,让他们知道要关心别人、关怀别人,而不是说去用自己的行为去攻击别人,要让他们知道这些好的和不好的事情。这是我觉得非常遗憾的事情,是当时我们的教育,学校没有注重心理健康的教育,当时我们可能连心理老师都没有,学校都没有。他们只管你的成绩,只管你考得好不好,就没有关心过这些问题,我就觉得挺遗憾的。像我们学校还有那种学习不太好。但是家里特别有钱或者长得特别漂亮的姑娘,或者学校有那种相当于是学校风流人物吧,让女孩子她会受到很多的攻击,大家每天好像都在议论她跟谁谁谁怎么那样啊。我觉得那女孩子如果她自己心态不好,她更可怜,好像成为大家的一个话柄一样,一直受到攻击。我觉得她长得好看,或者她们家里面有钱,还有才,那是一件非常好的事情,但是就变为了别人去讽刺她或者是欺负她的一个东西,我觉得这个事情现在看来就是酸嘛,大家就是酸得很,自己没有的,他们就去议论或者是评论。当时因为还小心里面就只有学习,所以不知道这些人情世故,就只会单纯地觉得大家都不喜欢我,然后就会就给自己一些负面的影响。

所以我觉得这一件事情,现在想起来就觉得不只是我的问题,还有学校教育的问题,还有这些同学他自己的意识问题,这些因素会导致一个人的一些变化。所以我看到你们的这个调查，因为我的朋友圈里有一些是做心理的，有医生或什么的，他们就转发了这个，我就填了一个，我就很想把自己的一些想法跟你们分享一下。青少年或者是心理健康教育或者什么都非常重要的。我就觉得当时我们学校没有这些条件或者是不重视，希望以后我们国家的心理健康教育这些相关的政策或者一些干预的形式，把它发展起来，可能会有更少的人、更少的同学遇到这些事情的时候走向一个不太好的极端，我觉得他们可能就会有一些方法去自救，或者就是寻求别人的帮助来走出阴影。

我觉得青少年焦虑抑郁这些情绪导致自杀的还是挺多的，而且看那个电影就叫《悲伤逆流成河》，我看了那个电影当时我就哭鼻子，虽然我不像他们严重吧，但是那种心理历程还是有一些相似的地方，就会感同身受，就是那种心灵上面的伤害，我看了很有感触的。所以我觉得，希望如果我的这些经历，能给你们一些思考也挺好的。

访问者：非常感谢你的支持。

受访者：对，我基本就是这样的情况，如果你觉得有什么没有说清楚的，你可以再问我问题，我会补充。

访问者：好，那我可能有一些问题会需要问你。

受访者：好的。

访问者：第一个就是，我听完你整个的这个故事，我会有一个问题，那你觉得你现在是已经不再是像你当时那样一种很敏感的性格了吗？

受访者：没有，我觉得性格这个东西是伴随一生的，我现在跟别人交往也会想我会不会有一些话说错了，然后她会讨厌我啊会怎么怎么样，还是会很在意别人的态度。但我现在的变化，首先是我认可自己这样的性格，不会觉得我这个性格不好，只是我这个性格偏向敏感，我觉得我也有很多好的地方，就是说跟朋友相处的时候，能够敏锐地发现他的一些需要，然后给他一些关心和关怀。我觉得这一点是我的长处，所以我跟朋友交往的时候，他们就觉得我这个人还比较贴心，会比较温暖。所以我觉得我也是有优势的。如果我自己有的时候比较敏感，我自己也会知道调节。就是首先要沟通，把自己想说的或者是比较担心的东西，跟我的朋友倾诉，就会来问他，说我这个是不是做得不是特别好，会不会就怎么样，我的朋友是真心朋友，他就说，你不用在意这个东西或怎么怎么样，就会给我一种鼓励。有了这种鼓励，我以后就不会再去问或怎么样了，我觉得他会比较相信我。

所以可能会有这么一点点，但是不会那么严重。我自己也会平时鼓励自己，就是自己也有很多的优点，每个人都不是完美的，要学会接纳自己。我这样的特质也会有很多的朋友跟我一起相处的，我现在确实跟朋友都相处得挺好的。以前那个时候就是没有接受自己，我觉得不会接纳自己是当时青少年时期的一个，一个对我来说不成熟的地方。我觉得有一点讨好型人格的话，我还有点完美主义，就是完美型人格，会比较希望什么事情都是百分之百做到最好的，包括对我自己的朋友也是，就会有这样的倾向，对我自己的要求也非常严格，没有做好我就会去批评自己或怎么，就不愿意让自己的缺点显露出来。

现在我都会大方承认我自己的一些缺点，这个确实不好、那个确实不好，但是我这个做得好、那个做得好，就会去接纳自己，有完美的这个目标，但是我也会去接受自己的不足。在这样的不断调整中，整个人现在比较平稳，情绪各方面控制得还是可以的。但是因为女孩子嘛，内分泌会影响嘛，每个月我会有一点经前期综合征，因为激素的影响会比较低落、沮丧，可能晚上的时候很容易哭鼻子，会容易想起来以前不好的事情，也会想起来高中时期这个事情。我可能也就是哭一下，要么做做其他的事情转移下注意力，就这样度过去了。但是我看到好多孕妇孕期的激素分泌影响有抑郁自杀的，还有一些产后抑郁的，我发现其实我还好，我觉得自己能调整的，就是一些小小的生理原因，这时也会去鼓励自己吧。感觉我这种敏感性质可能在以后怀孕或怎么样，要注意一点。对，就是说现在还可以，对对对。

访问者：就是你在那件欺凌事件发生之后，自己主动地做了很多积极的自我方面的调整，对吧？

受访者：嗯，是的是的，主要当时是看了很多的书，我觉得那个状态不是我想要的，我有那种意识想要去改变自己的状态，调节自己，所以当时看了很多鸡汤书嘛，我现在来看是属于积极心理学嘛。它会让我去发现我自己的一些优点，一些积极的地方，然后去改变自己的心态，调节自己的情绪。我当时是通过这些东西，调整过来了。现在我平时也会去听那些课，学一些技术和方法来调节自己的心态。所以现在的状态，在朋友看来是比较温柔，对，比较平和，不会突然大发脾气或者怎么样，就是心平气和的。所以我觉得这些对我的帮助是很大的。

访问者：那你当时有没有找朋友倾诉、找人帮忙，或者告诉家人或者老师，向其他人求助？

受访者：主要有两个。一个是我闺蜜嘛，当时我们两个性格很合得来，也是高一的时候认识，我有什么也都是跟她倾诉，成为了特别好的朋友，包括现在都是我们俩互相交流。在最困难的时期只有她相信我、鼓励我，别人都在说风凉话嘛，但是她就说他们就是看不惯你或者就是酸就是嫉妒嘛或怎么怎么样的，来鼓励我，她还会在学习上帮助我。相当于那三年我觉得跟别人也没有什么交集，只有跟她一直关系特别特别好，也有很大一部分是因为她的原因，让我没有选择更加极端的一个方式去解决这些事情吧，因为有她的陪伴嘛。

第二方面就是爸爸妈妈，我没有跟他们说，但是他们感受到了我的变化，感觉我情绪不太对。因为我有一个半月的时间是有点抑郁的，可能没有达到抑郁症，但是已经有那个情绪了，整个人的状态不对，爸爸妈妈在那一个半月内就带我出国玩了一趟，那一次感觉心情舒缓很多。

访问者：但是你没有跟他们说你遭遇了什么，你没有向他们倾诉吗？

受访者：对，当时没有倾诉，就是当时那个状态是不想跟他们去交流的。因为我爸爸妈妈的方式，爸爸他教育我的方式是让我从自身找问题。我当时那个状态是很需要别人对我的肯定，可能需要爸爸妈妈来告诉我，这不是我一个人的错，不是因为我的原因所以他们欺负我。其实我可能内心渴求就是这样，但是我又想起来爸爸妈妈平时就是说，出了矛盾你要从自己身上找原因啊什么什么，我就心里面觉得我不想再自己找原因，我觉得我自己也很委屈，我自己虽然也有原因，但是我觉得这不仅仅是我的问题，所以就没有跟他们进行交流。他们就带我出去玩了一趟，那一次我觉得心情也开朗很多吧，我觉得对我这之后的一个积极的选择也是产生了导向作用，我看到了外面的世界也很美好，看到了不同的一面。

访问者：那当时对你的这种欺凌有多少人参与，和你是什么关系，你可以讲讲吗？

受访者：好的，当时大概有十来个人，组成了一个小团体。这十来个人里面有五六个是女孩子，还有5个男孩子，大概是这样的一个比例。我一直玩得好的，就是跟这几个女孩子，我们经常班里头出去听讲座或干什么的，会一起走，还会在路上也开开玩笑，平时也会没事发个信息，在当时看来，我们关系是挺好的，我也愿意跟他们交朋友，因为我觉得他们也很有趣。

所以就把他们当成特别特别好的朋友。当时因为我们刚开始这几个人学习成绩是差不多的，排名都差不多，后来有一段时间我名次比较靠前可能也有这方面的原因，他们会有比较的心理，因为我们几个家庭环境都还可以，他们家里面也蛮有钱的，我们可能就在这方面要较一下劲，后来这几个男生跟她们玩在一起了，其中有一个男生他好像对我有点、有点意思吧算是，但那个男生是痞坏痞坏的，就是那种，感觉……他是个复读生嘛，是属于有点社会的那种，当时他在了解我，就跟我玩得好的那几个同学开始往来，那个男生还经常给她们送礼物，请她们吃饭。后来我就觉得好像我玩得好的这几个女生也离我越来越远了。

访问者：就你察觉到自己可能受到排挤了？

受访者： 对，就受到排挤了。后来上大学的时候跟其他同学无意间聊起来，他们跟我讲，就是因为当时那个男生比较喜欢我，我不怎么理他，那个男生好像有点报复心理，就是觉得他也得不到，他就想把我毁了那种感觉。

然后那个男生不是经常请她们吃饭送礼物嘛，就在她们面前说我的一些坏话，无中生有的那种话，说我好像就是想比她们考得高，就是想把她们压下去或怎么样。本来当时大家都会有竞争的心态，那几个女孩子一听可能就上头了，就跟那个男生交流越来越多，跟他一起出去玩或怎么样的，然后那个男生他就想，就想把我拉下水的感觉吧，就是想通过这些方式影响我之类的，这也是后来我的其他朋友在上了大学之后聊起来这个事情的时候跟我讲的，这个男生这些行为就很可怕，感觉。对，很可怕。

跟这几个女生嘛，那一次让我突然就感觉友情是这么假，人家说两句话你就走了，我当时心里面会有一些冲击，我就觉得真的是有真假朋友的。那个时候我才发现我的那个闺蜜才算是我真的好朋友，也有人跟她在讲我坏话，但是我闺蜜从来都是相信我，她还把这个事情跟我说，就说我根本我就觉得她们就是嫉妒你啊或怎么样，我肯定是相信你的。她就一直站在我这边。那个时候我才看清了，我闺蜜才是真正意义上的朋友吧，因为她很相信我，站在我这边，不会跟着她们来欺负我。那几个女生就在攻击我，包括网络攻击啊，说风凉话呀，讽刺啊，都是她们在搞。大概是这么一个情况吧。

访问者： 所以那个男孩他可以算是一个诱因，剩下的那些男孩，也就是他拉拢进来一起对你进行攻击吗？

受访者： 对对对，就是这样子的。其他人我觉得可能没有那么大的意思说攻击，但是因为好像他们（访问者：是他的同伙？）对对对，就是那样子的，所以让我觉得他们非常冷漠。

访问者： 那你们班级一共有多少人呢？其他人应该都看在眼里吧？

受访者： 嗯，对。

访问者： 那他们没有对你采取什么帮助吗？都在旁观这件事？

受访者： 其他的你看啊，他们算下来有10来个人，我们其他还有30来个人，班里头总共40来个人。然后其他的同学分为三个部分，一个部分是专心学习啥事都不管的那种，可能占1/3，人家就只管学习。

然后第2个1/3是属于知道这个事情的，他们属于那种两面派，觉得跟欺负我的人也玩得挺好的，跟我好像也玩得挺好的。也不是玩吧，就是交流，就很正常的那种，好像都挺关心的，是那样的。

第3个1/3就是属于那种有些看不惯他们的作为，但是他们也没有做出来实际上一些比如说找老师或者让我觉得……

访问者：没有人告诉老师？

受访者：对，没有让我觉得很有帮助的一些事，只是有一两个跟我说，你别在意它了嘛，会语言上进行一个安慰，但是我现在觉得没有什么用啊（笑）。

访问者：也没有人实质行动上对你提供什么帮助？

受访者：是的。最多就说你不要管别人，他可能觉得这个事情没有什么关系，他就会希望我也是那种态度，其实我的状态跟他不一样，我是需要被帮助的那一个。

访问者：那你后来自己做调整，专心于学习，在这过程中，你和那些欺凌你的人关系怎么样呢？他们不会再继续攻击你？虽然你自己已经"堵上耳朵"，他们还会不会继续对你做些什么？

受访者：对，他们还是在攻击我，议论我，或者给我桌子上贴个小条条，会有这些行为，但当时我可能扛过来了，习惯了。我就觉得，你们继续做，我就该学我的学我的，然后就……

访问者：变坚强了起来。

受访者：对对对，就是这么一个态度。高考之后他们也都有议论我或怎么怎么样的。但是我都不在意了。

访问者：嗯，挺好的。还有一个问题，我想，肯定还有人也看到了你受排挤啊受攻击，他们有什么反应？你会不会疑惑，他们到底为什么要这样欺负你，他们又没有获得什么好处。

受访者：我觉得他们在幸灾乐祸，就是正中下怀，他们看到我好像不怎么怎么样，他们还玩得更开心了，玩得更火的那样子，说话更大声。

访问者：就是在看笑话？

受访者：对，就在笑话呀。我现在看来，不知道我当时是不是有被迫害妄想症，当时因为被欺负久了，他们一个小小的举动都会让我把这些事情无限放大，会觉得他们在欺负我。

所以，我现在理智地来想，可能当时我也会有一点被迫害的感觉，再加上他们确实有的时候有点过了，两方面结合在一起就会让我无限地去放大这个事情。可能在别人看来就是一件小事情，可是当时我是不会把它当成小事的。

访问者：那就是在他们欺凌你的这一年半里面，你觉得那种攻击是有一定频率的，时不时说一些话，或者在网上发表一些言论？还是对你来说每天都是那样，细水长流地慢慢折磨着你，还是那种时不时的、有一定频率的那种？

受访者：我觉得是这样的，它两方面都有，就是每天它都会有一点。对我来说，我每天一坐在教室的座位上面，我都会难受，每天都是这个状态；这种行为让我觉得最不舒服的时候，一般都是在考试前或者考试后，因为高中的时候压力比较大，大家比较在乎这个成绩，那个时期本来就考试压力大，考试前后又会让我觉得他们在议论或怎么样，我就会放大它。平时也都会有。只不过是考试也是一个诱因吧，每次考试都会更严重一些。

访问者：所以他们会在他们也知道对你影响比较大的时候，格外地去攻击你，是吗？

受访者：嗯，对，比如说考完试成绩出来之后，我会觉得压力更大一些，他们的表现就更明显一些，因为有的议论了嘛，就是这样。

访问者：那他们这群人在这里欺凌你，你和班里其他，比如说你剩下的刚刚三个1/3那些人的关系，会不会也受到一些影响？

受访者：我想一下。其他的人有一些他根本就没有想跟我做朋友，那种可能他就无动于衷，我怎么样，无所谓，他觉得。

有一些就是平时处得还是可以的，不是属于特别特别好的那种，就是每天打照面或怎么样的，那些人可能会站队，站人多的那一方，和我打招呼都会觉得有点尴尬。

有一些就是比较相信我，但是他不会对我有一些实质行动。他们还跟我处得还可以，比较相信我的为人，但怕自己也涉事进去嘛，就旁观，但是我们上大学之后也是蛮正常的，他们依旧是还跟我很好的那个样子。

访问者：好，那我刚刚听你说，可能在你们学校里像你这样，和你情况相似的受欺凌的女孩子其实还是挺多的，那学校它多多少少知道这个事情，然后干预进来，至少做一些什么事，会不会有？

受访者：我觉得当时是没有的，我觉得现在可能有，因为我看到我们学校的发展，现在心理健康方面还是很有进步的。当时都多少年前了嘛是吧，就八九年前了，那个时候我们学校只注重成绩，不注重这个，我们学校都没有心理老师的，当时学生的认知状态都是觉得心理老师叫过去肯定是你有病，所以对这个词就是有一点忌讳，对心理援助都有一些忌讳。

如果放在我现在的心态，我觉得就应该寻求帮助。因为在我们学校读研或者读本科的时候学校对这个都蛮重视的，而且心理咨询这边的老师他们都是特别特别忙的，对我们来说这就是一种常态，我心里面难受，我就要去倾诉，我就要去寻求帮助。我觉得当时那个认知的环境，大家自己的认识都不好不足，再加上学校一点都不重视这个问题，别说干预了，他们领导都不怎么重视。对呀，就是这种情况。

访问者：好的，那就是从发生之后你自己做一些调整，到后来慢慢地成长，在这个过程中你的状态真的稳定了吗？回想起这个事情心情就变得很平静了，还是说有一个转变的过程，有时候想起来还是会觉得挺难过的？

受访者：它不是一帆风顺的，我是经历一个长期的相当于自我催眠的积极的过程，这个过程其实很痛苦的，有点像失恋之后，就有点反复，比如说刚开始特别痛苦，我给自己一点积极的希望。好了往前走了一步，但是过了两天回想起来的时候，我又很难过，又会往回退一点点，就是这样往前走、往后退，往前走、往后退，然后慢慢地这个路就变长了。再加上过了好多年，内心可能就慢慢去化解了，但是现在想起来还会很难受。

访问者：现在回想这件事还是很难受？

受访者：对，就是心里面感觉会不舒服，但是不会对我的生活造成非常大的影响，我现在不会因为这个事情去流眼泪或怎么，反而想起来觉得这可能就是成长，有一种感叹，而不会像会哭鼻子那么严重了，会去接受。

访问者：那你觉得你算是走出来了吗？

受访者：我觉得可能这个事情是一辈子的创伤吧，我会去调节它，但这种情绪想起来的时候，它都是会在的，不会完完全全没有的。因为这个事情它不像失恋了换个男朋友就好了。这个事情它就是你没办法再去经历一遍你高中时期，再去把它变得更好，它过去就过去了，再也没有这样的一个经历和机会了，有一点小小的遗憾吧我觉得。

访问者：一个创伤在那里。那像你前面说的那种痛苦的、很艰难的、漫长的转变，对你来说花了大概多久呢？是很多很多年吗？

受访者：我觉得是。我从高考之后一直到现在，我觉得都是一个改变的过程。我可能一辈子都是忘不掉的，只不过我一直在把它淡化，一直去接受它，然后去思考这些背后的原因。我现在的状态就是去面对它，接受它，去分析一下原因，也希望从中自己再能够获得一些成长，我也特别希望自己的这些经历，以后结了婚生了宝宝之后，对于孩子的成长，会有一些启示，整个人现在状态就是这个样子。

访问者：好。那虽然你刚刚说有点遗憾，也没办法回到过去让事情变得更好，那如果给你一个机会的话，你会不会希望对当年那时候的自己说些什么呢？

受访者：嗯……好像没有。（笑）我觉得虽然很遗憾，但没有了这个过程就是成长不起来的，对于我，多受一点挫折可能内心会更强大，因为世界上更可怕的事情还是很多的，这个就是一个小小的插曲。对，现在我觉得是这样，不会对自己说什么。那个时候太小嘛。

应对校园欺凌的"孙子兵法"

访问者：那你现在回想起当时欺负你的那些人，你是怎样一个感受？

受访者：我现在是比较感激的一个心态。（访问者：比较感激？）对，因为如果没有他们的出现，我可能不会在这些事情中得到一些锻炼和成长，我自己的内心也不会像现在这样子，就是要比之前要强大很多。当时我是比较憎恨他们，感觉自己好委屈。但是现在比较感恩，就算是我们现在10周年、毕业几周年或怎么样一个大聚会，我现在都是会过去的，都不会觉得有什么丢脸或会心里面有什么，大家该吃饭就吃饭。就会去接受它，而不像以前一样憎恨，当时都会觉得这一辈子再也不要见到你们。放宽心了现在。

访问者：那他们也是像你一样能够很坦然地接受过去发生的这件事吗？就是当时欺负你的那些人。

受访者：当时高中有个男生比较喜欢我的，就是他行为有点过分的那个嘛，我后来听我的同学给我讲过，说他挺愧疚的，觉得当时不应该那样欺负我吧，我听了内心也没有什么波澜（笑），我觉得这还算是个人吧。

访问者：那你会不会希望对那时候欺负你的那些人说些什么？

受访者：嗯……好像也没有，我现在就觉得当时大家都还小，大家心理都不成熟，我有我的难过和不好，就是沮丧或者是……我觉得他们可能也有自己的苦衷。也可能有他们家庭的原因，不是说他们欺负我，就是他这个人怎么怎么，有可能他们受到家庭的影响，导致他们产生一些不太好的一些行为来证明自己怎么怎么样。将心比心的话，我有我的、他也有他们的（原因），所以我觉得大家都是在成长，都是青春嘛，就是这样子。

访问者：好的，非常感谢你的分享。

给学生个人的指导建议

写给学生的话

任何人都不可能孤独地生活。我们要和别人一起生活学习工作，那么就必须和别人进行沟通和交往。沟通不仅仅是说话，除了说出来的话，我们还会通过语气、音量、表情、身体姿态等很多很多微妙的特征来传递信息。而在与人交往的过程中，我们可能会帮助别人，可能会给别人赠送礼物，也可能会陷入到冲突之中，发生攻击和暴力。

不论你是否面对校园欺凌，你都要增强自己的沟通能力和社交技巧，这样才能在人际关系中有所准备。这些虽然不是考试分数能够衡量的，但是对你的生活却更加重要。很多大学和企业在招生和招聘职工的时候，除了学历和工作经验能力以外，都会很重视沟通和人际交往的能力。

如果你现在遭遇或目睹了校园欺凌,你要特别学习沟通和社交中如何保持一个坚定自信的心态(Assertive)。

今天可以做的事

欺凌者做出那些事和说出那些话,目的就是希望受害者感到受伤难过不舒服。然而我们如果在面对欺凌时,能够表现出不同于欺凌者原来以为的反应,他们就更可能无话可说不知道该做什么,进而可能停止欺凌行为。

我们可以做三种反应,让自己不在欺凌者面前表露出自己受伤。第一是用幽默的方式回应,把欺凌这种无聊行为的愚蠢和可笑暴露出来,还有可能给自己争取到别人的支持。第二就是无视对方,保持沉默,或者走开。第三就是用一种坚定自信(Assertive)的方式来进行沟通。

幽默应对的方式最理想,但是比较难,对我们的情绪控制、思维反应都有一定要求,可以预先准备一些,但不会每次都能这样做。

无视对方是最容易做到的,在很多时候也确实会起到制止欺凌的作用。因为欺凌者看不到自己行动的效果,自然也就停止了。但是这种方法不是每次都有效,有一些欺凌者本身心胸狭窄,智商不高,他可能会错误地把这种无视和沉默当做了软弱的表现,然后变本加厉,非要激怒你,伤害你,在你身上刺激出一些反应。

当无视对方不能起到效果的时候,就要采取坚定自信的沟通方式来对付欺凌者。

坚定自信的沟通方式,就是指坚强镇定地说出事实,展现自己的信心。

实现坚定自信的沟通方式,你试试以下的练习:

1. 说一句话之前,先做一次深呼吸;
2. 在心里想想自己的想法;
3. 诚实地说出自己的想法,不必特意考虑如何修饰;
4. 说话的时候,放慢语速;
5. 眼睛看着对方,身体站直;
6. 说完自己的想法就结束,不要谈及对方。

请看看下面的例子:

欺凌者的言行	坚定自信的回应
你成绩这么差，真是笨蛋	我很努力，我还会再努力的
	我前一段不够努力，我会再努力
你从农村来的，真是土	我就是从农村来的，我喜欢我的家乡
	我就是从农村来的，我现在在这里，还会一直待在这里
你戴眼镜，四眼狗！	我戴眼镜看得更清楚
	我不是狗，我不在意这种外号

给家长的指导建议

写给家长的话

发生校园欺凌事件，并不是受害者的错误。针对一个具体的欺凌事件，即使最开始的诱因有受害者本人的因素，比如性格或行为习惯等，但是在欺凌事件发生后，后续持续的欺凌往往和最开始的诱因已经没有关系了，而是变成了因为你已经是一个受害者，所以欺凌者还会再找上你这个目标。

在这种情况下，作为家长需要引导孩子认识到，学习沟通和社交技巧，并不是说之前被欺凌是由于孩子本身能力不强造成的。而是要以更积极的态度对孩子进行引导，之所以要学习这些沟通和社交技巧，目的是增强自己以后面对其他困难的能力，而且也是帮助孩子学会提前适应工作中的团队合作。

今天可以做的事

和孩子共同探讨梳理自己在社交中的一些行为习惯，讨论这些习惯对于导致冲突和欺凌有什么影响，如何加强有助于减少校园欺凌的习惯，又如何减少导致冲突的习惯。

可以参考如下的流程：

1. 下面是一些最为常见的导致学生之间发生冲突的导火索，和孩子讨论是否经历过这些事件。

被嘲笑
被传谣言
被叫外号
被怪罪做错了某件事

在游戏或生活中，觉得某个人做事不公平	
在游戏中作弊	
被孤立	
被威胁	

2. 与孩子讨论，碰到这些导火索事件的时候，有哪些回应习惯可能会导致进一步的冲突。

3. 与孩子分享两个例子，自己作为成年人，在工作中有什么积极的回应可以消除冲突，又有什么消极的回应会导致冲突进一步加剧。

4. 和孩子讨论，自己的回应习惯哪些是积极的，哪些是消极的，参考下表：

回应习惯	积极	消极
我被激怒后，会朝别人大嚷大叫		
我会扔东西		
我说话前会尝试先冷静下来		
我会责怪别人		
我会责怪自己		
我什么话也不说，虽然自己很想说点什么		
我会尝试理解别人的想法		
我会说那个让我不爽的人的坏话		
我会做点什么去报复他		
我会原谅那个让我不爽的人		
我会找一个成年人寻求帮助		
如果有人打我，我会打回去		
我会大哭		
如果有人让我不爽，我会想办法让他羡慕嫉妒我		
我会试着向他证明我才是对的		
我会试着无视那个人，然后等一两天再找他说清楚		

5. 与孩子讨论三种不同反应背后对应的心态。

案例1. 小李告诉小王，如果不给他30元钱，就要告诉老师小王没写作业。

类型	回应	背后的心态
攻击对方	你要是敢告诉老师，我就打你	我的权利比他的权利重要

军形篇——增强自身实力，开展培训学习

续上表

顺从对方	好吧,给你30元钱	他的权利比我的权利重要
坚定自信	我不会按你说的做,你的威胁对我没有用	我的和他的权利同等重要

案例2. 小李每次经过小王身边都会抓小王的头发,让小王感到很痛。

类型	回应	背后的心态
攻击对方	停手,否则我就抓你头发	我的权利比他的权利重要
顺从对方	哭泣而不反抗	他的权利比我的权利重要
坚定自信	我不喜欢你这样做,你要停手	我的和他的权利同等重要

给老师的指导建议

写给老师的话

如果在班级中能够有效地提升学生们的社交技巧,会给学生和老师都带来很多价值。

对于学生而言,提升社交技巧可以减少冲突,控制校园欺凌产生的土壤。还可以帮助学生尊重别人,同时也提升自己的自尊。

对于老师而言,当我们有效地提升了班级的社交技能,我们在管理班级的时候会更轻松,因为班级的凝聚力增强了,班级的合作性增强了。而且我们可以信任学生做更多的自我管理,让我们的教学工作犹如顺水行舟。

今天可以做的事

开展关于如何交朋友的系列主题班会课。

可以参考下列选题建议,并使用相应的材料:

1. 讨论"是不是只有相似的人才能成为好朋友"。

我的好朋友	和我有什么相似之处	和我有什么不同之处
1		
2		
3		

2. 讨论"怎样能交到新朋友"。

方法	我想试一试
参加社团活动	
参加志愿者服务	
主动帮助别人	
主动邀请别人一起运动	
分享自己的食物或者好玩的东西	
大方介绍自己然后和对方聊几句	

3. 讨论"好朋友之间会不会发生冲突"。

1. 好朋友之间会不会发生冲突？可以举例或分组讨论
2. 好朋友之间会不会出现欺凌？可以举例或分组讨论
3. 发生了冲突或欺凌的好朋友，还能算好朋友吗？
4. 如果你看到你的好朋友在欺凌另外一个同学，你能做什么？
5. 提示学生：如果被好朋友欺凌，可以尝试用坚定自信的沟通方式；如果对方不停止，可以减少和他共处，寻找新的好朋友；如果了解到欺凌行为，可以寻求老师的帮助

4. 讨论关于友谊的名言。

1. "如果你非要找到一个完美无瑕的朋友，你就永远也交不到朋友。"——犹太谚语
2. "我最好的朋友就是那些让我展现自己好的一面的人。"——亨利·福特
3. "友谊永远是一个甜蜜的责任，从来不是一种机会。"——纪伯伦
4. "人之相识，贵在相知，人之相知，贵在知心。"——孟子

给学校管理者的指导建议

写给校长的话

如果我们能够创造条件，让学生更广泛地开展超越班级的社交活动，那么学生就会有更多机会进行社交技能的锻炼。跨越班级和年级的交流平台，有可能会让学生获得更多的社会支持，特别是那些潜在的校园欺凌受害者，就有可能鼓起勇气发声，让我们能够了解到他们的困境，并相应地提供帮助。

今天可以做的事

思考并规划一些校园活动，为学生提供超越班级甚至年级的社交平台。可以考虑以下这些作为参考。

◎组织校园演讲比赛，围绕校园欺凌或者更宽泛的人际交往主题。

◎组织跨年级的笔友写信活动，给另外一个年级的学生寄出一封"快乐"明信片。

◎组织高年级学生给低年级学生制作包含了反对校园欺凌建议的绘本等形式的阅读材料。

◎组织反对校园欺凌主题的心理情景剧展演，以剧本为单位打破班级年级界限。

学会内省
应对压力指导

应对校园欺凌的"孙子兵法"

兵势篇
——合理分配资源，确定主次策略

应对校园欺凌的"孙子兵法"

《孙子兵法》的"兵势"篇和"虚实"篇，其实是一个整体。孙子在前一篇"军形"中谈了战胜困难的根本在于"先为不可胜"之后，又在这两篇中谈了如何进行强弱转化，通过兵力分配与组合创造局部优势，避实就虚创造胜利时机。

在应对校园欺凌的实践中，我们也需要借鉴这种以弱胜强的战略智慧，在长远提升自己的同时，针对当前面临的欺凌问题，积极灵活地采取行动，创造优势条件。

"兵势篇"谈到的创造优势的方法，核心就在于对自己手中已有的资源进行合理分配，即使敌人更强大，我们也还是可以在局部创造出属于自己的优势。

对于校园欺凌而言，受害者面对的是更为强大的欺凌者，在个人力量、社会地位等方面拥有优势，这种不平等的权力关系是校园欺凌的根本特征。因此，想要解决校园欺凌，必然涉及如何帮助受害者实现由弱转强，灵活地创造出相对优势。

有两种资源是我们在面对校园欺凌时可以进行灵活调配的。

第一，创造多种回应策略。我们在个人、家庭、班级和学校层面能够选择的回应策略中，惩罚欺凌者通常是最主要的，但也还有调解等其他策略。

第二，创造多领域的个人优势。欺凌者主要依靠个人力量、社会地位等个人优势来建立欺凌关系中更高的权力地位，那么我们就要扩展思路，在艺术、运动、社会实践等多个领域创造出新的优势机会，帮助受害者应对困难。

创造多种回应策略

面对校园欺凌，不论是个人还是班级学校，第一个想到的回应策略通常都是惩罚欺凌者。

对于个人而言，这种惩罚对方的想法虽然合理，但是却并不容易实现。更关键的是，如果我们默认了只有惩罚才是解决欺凌的唯一策略，那么这种自我限制的绝对化想法会给我们自己带来更多伤害。因为，当欺凌者在各种外界客观因素限制下看起来尚未受到惩罚的时候，我们这种以惩罚作为唯一结局的想法就可能让我们把惩罚对象变成我们自己，陷入自我怀疑、自我责备的困境之中。另外，如果我们以惩罚作为唯一策略，那么很可能让自己陷入到报复对方、激发更多冲突与欺凌的怪圈当中。

想要惩罚欺凌者，没有错。但是惩罚欺凌者并不是解决问题的唯一策略。

对于班级和学校集体而言，也是如此。大部分学校如果有正式的应对校园欺凌的政策与行动流程，都会包含对欺凌者的惩罚措施。惩罚当然是必要的策略。但惩罚如果是唯一的回应策略，那么我们会发现，校园欺凌并不一定会减少，而是会变得更加隐蔽。而且惩罚的形式永远不可能是以牙还牙、以眼还眼，这就意味着，欺凌者带给受害者的伤害，通常都会远远大于惩罚。这也会导致欺凌者有恃无恐，受害者也可能会觉得寻求班级与学校的帮助没有价值。

总体而言，对于个人、家长、老师和学校管理者来说，在各个层级都应该广泛深入地思考，除了主要的惩罚策略以外，还有什么策略可以回应欺凌者。

案例访谈

访问者：请问一下您现在是多少岁？是在校学生还是已经工作？

受访者：我今年23，大学刚毕业一年。

访问者：你能说一下你以前被欺凌的事件吗？

受访者：该怎么说呢？刚进初中那会儿，很多人莫名其妙就不喜欢我，话也说得特别难听。当时班上有几个人，是不同班的几个女生在一起合伙，有个类似于独立组织一样的小团体，有时候上体育课就会拿球打我；如果厕所碰到的话，还会把门关上把我反锁在厕所里。不过也还好，没有造成严重的实质性的伤害。

访问者：就是肉体上没有，只是造成心灵上的伤害？

受访者：其实那时候相对还好。那时候我的内心非常坚强，就想着读书就算了，也不怎么讲话。其实我以前很活泼，但是，那三年突然一下子不爱讲话了。从初一到初三，这三年只有初三好一点。我在初三的时候认识了一个朋友，那个朋友特别好，后来，她说她是新转来的，她觉得我跟别人说的不一样。她这么说完了以后，有一些人慢慢地和我就能在一起玩了，这就好了很多。

访问者：那你会跟她讲你的事情吗？被孤立的事情？

受访者：这个我倒没怎么跟别人讲过，因为我觉得在她们看来这样对待我是理所应当，因为别人这么说，所以她们也这么认为。倒也不能说是我被孤立，她们可能只是随大流。别人都这么认为，她们也应该这么认为。

访问者：整个班上只有你一个这样吗？还是说其他人也会这样？

受访者：好像真的只有我一个人。也许不是只有我一个人，我可能没关注到。

访问者：你刚才说这三年你也不怎么活泼，也会不开心，你会不会跟家人说？

受访者：我妈妈知道。其实，我感觉这件事情可能跟我妈也有关系！很大一部分关系！初一刚进校的时候，我参加我们学校一个课外的舞蹈训练队，我妈觉得这个事耽误了学习，她到学校闹过一次。我感觉从那以后，就成这样了。

访问者：因为你妈妈闹过，人家可能会对你有一些心灵上的伤害，你妈妈知道吗？

受访者：她就是知道的，但她不觉得自己做错。她觉得那些人欺负我是企图让我不认真学习。

访问者：老师也不知道吗？

受访者：我妈妈当时就是羞辱了老师。

访问者：那个老师会不会对你不好？

受访者：说不上什么不好吧！表面上都过得去，但是，实际上告诉她这件事情以后，也没有起什么作用。

访问者：她也不会去惩罚那些欺凌的人吗？

受访者：那几个是小混混一样的人。那时候我们班是所谓的尖子班，（他们）本来就是塞进来的，她也不能怎么说；剩下的人听到别人这么说认为我是这样，你又不能全都说一遍、开个班会说一下这个事情，那也不现实。

访问者：欺凌发生的频率大概是怎么样？每一天都有吗？还是说一个礼拜会有一次？

受访者：我觉得女孩子可能心思会细腻一点，别人不一定要说什么，但是，那种不想理你，你做什么他们都感觉你做得不对。比如说以前会听随身听，然后可能会哼几句，他们可能就会过来瞪你一眼，说一句"别唱了，特难听"这种；也有可能是以前比较活泼的时候会蹦蹦跳跳的，别人就会说你这样子特别作之类的。我会听到别人说闲话、骂得难听吧。

访问者：你也没有反驳她吗？

受访者：不好说什么，大家都这么说的话，其实你也会怀疑自己。

访问者：你会不会做出什么改变？

受访者：也不知道该怎么改变。反正我不要真的不是那样子，我问心无愧。

访问者：你想过吗？那些欺凌你的人他们为什么这么做？

受访者：除了几个小混混和大头之外，其实，有一个男同学好像初三快考试的时候，给我写过一张纸条。他说他其实以前也经常欺负我，初三那段时间突然转了性子一样。我那个时候化学不太好，他就会教我很多东西。快毕业的时候，他给我写纸条说他挺对不起我的，他说他也不知道那时候为什么要欺负我，他说让我原谅他。我那天晚上就哭得特难过，我觉得好像终于有人肯说是自己做错了，我那时才觉得可能真的不是我自己的问题。后来我和他一直都保持联络。大学有一次大家喝得比较嗨，然后我就问他那时候他们为什么欺负我。他说别人都那么做，觉得不做是错的。所以那个同学也就是为了迎合大家，他也成为他们的一分子。

我失眠是从初中开始。一开始是想不通，整晚睡不着，越睡不着越想找点事情做。有段时间搞竞赛，竞赛感又特别的满，我觉得反正什么都不行了，读书不能落下，开始有种突然一下很振奋的感觉，不知道为什么一直睡不着觉，然后就学得特别晚。无聊就抄书都行，疯狂抄书。

访问者：你身边的同学也会注意到你吗？你整晚都睡不着，你当时是住宿舍的？

受访者：没有，我在家的。

访问者：如果在家的话，你整晚睡不着，你家人会不会发现？

受访者：我爸爸工作比较晚，我妈比较希望我学得晚一点，反正，我只要在学习的话，晚一点她也不管了。

访问者：其实之前，一直到现在，你的心情有没有已经好过来了？那一段日子你会不会觉得还是有一点念念不忘的感觉，或者平常时会遇到什么事情的时候，你就会很容易的想起？

受访者：我不知道大家会不会有同样的感觉。比如说：以前经常会逢到考试的时候下雨的情况，我家离我当时念的初中有条路，离学校非常近。现在我家重新装修过了，但是，我只要一回到我的房间，每次一下雨，看到那条路，我就会想到我初中的生活。当然一般也不会像初三那样，现在比较稍微放松一点，我真的会想到那段时间，真的挺难过的。然后好像还有一次喝多了，大半夜就突然打个电话就去控诉他："你们当时为什么讲？"第2天早上起来，他问我："你昨晚说什么，你记得吗？"

访问者：所以，现在其实是有一个人可以让你去问的。是吧？你起码现在会有一个出口去质问他们，那个男同学，问他为什么。你问过多少次？

受访者：其实也就问过一次两次、两次，这么多年也就问过两次。

访问者：他每一次的回答都是一样吗？

受访者：都是一样的。

访问者：你打心底里会不会去原谅他？

受访者：怎么说呢，其实初中那段时间我是看起来成绩特好那种，但是心里特别自卑，觉得好像什么都不是那种感觉，很怀疑自己。但是他是第一个说他自己做错了，然后请求我原谅，让我在当时那种很自卑的状态下明白，原来有人知道，其实我也没有那么差的这种感觉。我不是说怪罪他，我只是特别想知道，他当时的想法是什么。

访问者：那你现在回想起那件事，你会对当时的自己或对那些人讲什么吗？

受访者：我可能会对自己说，我坚持得挺好的，至少没有变成一个自暴自弃或者同流合污的人。对于他们我就想说："你都没有了解过我，真的不要那么早下定论。"

访问者：你现在回想起来有什么感受？

受访者：挺难过的。其实那个时候大家都不理你，你做什么都不对，应该是最难受的，反而坚持过来，一直说加油、坚持住，考出去就没事了。现在每想起来反而更觉得莫名其妙的难受。最坚强的是以前，反而是现在觉得难受。可能现在懂事了，思想会成熟一点，会想得多一点。

访问者：你初一到初三，过得很艰难。高一到高三呢？

受访者：高一到高三，当时考到了一个好的学校，有种脱缰野马的感觉，突然一下子很松懈。

访问者：你会不会觉得很自由？

受访者：突然一下子，有很自由的、松了口气的感觉。但是当时成绩掉得很快，一下子就成了倒数。我从来没有考过倒数，也挺难受，后来就是另一个故事了，那个是成绩上的故事，就不是这一个故事了，是如何把成绩提上去的故事了。

访问者：你初中时候是不是真的就是一个朋友都没有？

受访者：一开始是这样子的。

访问者：你刚才说，初三的时候有一个新转来的同学，所以，前两年你基本没朋友吗？

受访者：对，是这样子的，而且我不知道是不是因为一直没有朋友，然后心里就特别渴望爱情这种东西，开始奇奇怪怪的去追求一些很奇怪的东西，但是那个人他也是那种大牛，说特别难听的话，很难听。

访问者：那个人是说得很难听的那种吗？

受访者：他骂得挺难听的，说哪怕世界上就剩下我最后一个女生他都不会喜欢我。

访问者：他会当面说还是私底下说？当着其他同学的面吗？

受访者：对，当面说。

访问者：我觉得这个会比其他的同学对你的伤害性更大一点吧？

受访者：当时肯定是这样子的，但是，我也不知道我当时咋想的，我还挺坚持。

访问者：最后他有没有松口？

受访者：最后到了高中还不是得承认我还是挺好的。

访问者：所以最后你把他拿下了？

受访者：对，但是拿下以后我觉得我不喜欢他了。

访问者：这也可能会成为你心理上一个寄托吧！

受访者：当时，可能当时觉得他必须喜欢我，这种感觉挺奇怪的，反正我现在看以前日记我都觉得挺奇怪，为什么有人会这么想？为什么当时会这么想？

访问者：你当时为什么会只找他那么一个人，其实你旁边也有很多大牛的吧？

受访者：对，当时我感觉他有很多我没有的东西，他成绩肯定不是很好，其实长得也不是我们班最帅的。但是我就觉得他好像有很多我想要的东西。

访问者：所以你因为这个原因，你才会去追他吧？

受访者：对，而且我觉得我就一直非常的直接，我说我挺喜欢他。我直接这么说。

访问者：时间很快吗？

受访者：也没有很快。初一到了快初二的时候，我就直接说，班上有人会玩那种真心话大冒险之类的，虽然也不是问到我，但我会直接说我挺喜欢他的。

访问者：他当时也算拒绝你。他当时他拒绝你之后，其他人会不会做得更过分？

受访者：有些人会用一种奇怪的眼光看着我，但是，反正你们也不是一次两次这样子，我做和不做都是一样的，我就去做呗。

访问者：所以你还是挺勇敢的。

受访者：我自己看我自己的日记，现在回想起来挺奇怪的。

访问者：但是如果对当时的自己来说应该挺勇敢的。

受访者：不知道，我已经无法猜测我当时的想法，我当时没有觉得他们这么做让我觉得很难过，我只是觉得你们这么做有点不可理喻。我现在想想，我是觉得挺难过的，挺压抑的。当时好像脑回路没反应过来，没反应过来那是难过。

访问者：你当时也不会到难过的程度。

受访者：会伤心，其实我觉得当时脑子没反应过来，我其实仔细一想，好像经常哭。

访问者：经常哭吗？

受访者：对，经常哭。比如有些时候这种做了的你会哭出来，然后回家写日记，会说一些特别难过的话，又会哭出来，好像哭的频率还挺高的，但是，我好像每次哭完就忘记那种感觉，我感觉是这样子。因为我当时没有觉得让我很难过，好像是我高中时整理之前的日记本，把它封藏起来，去翻的时候，我才觉得好像挺难过的。

访问者：你高中再回去看你日记本的时候，你也哭了吧？

受访者：我好像是看哭了，我觉得那时候好像挺难过，挺辛苦的，为什么？我自己读书的时候我都没有觉得自己很辛苦。

访问者：那时可能一心只想读书。

应对校园欺凌的"孙子兵法"

受访者：好像我并没有那么爱学习。

访问者：当时那些旁观者也没有帮你吗？

受访者：没有，这种事情我能理解为什么都不这么做，但是，还是很希望有人能帮帮我。包括我后来的闺蜜，她那个时候跟我关系很好，跟别人的关系也很好，然后别人就会问她："你为什么跟她玩得那么好？她怎么怎么样的。"她说你们不了解她。

访问者：其实她也帮你说话的，是吧？

受访者：算有吧，我是从我当时的同桌那里得知这件事情的。我整个人就特别感动，然后就说这个人我要当一辈子朋友，很中意。

访问者：因为有人去问你的朋友，就是新转来的同学，新转来的同学会不会说了你的好处之后，事情有所转变？

受访者：我感觉有，因为她人真的特别好，性格也好，她这么做了以后，相当于把我带到那些人的视线里面去，然后她们才会认识我一下，包括毕业了以后，很多那些当年欺负过我的人反过来会加我。

访问者：真的？她们加你是为了道歉还是说什么？

受访者：当然不是，那些人当微商去了。但是，我当时看了觉得挺搞笑的，他们欺负完别人，在心里好像都不觉得有什么，还好意思过来推一些东西。

访问者：想让你买她东西是吧？

受访者：对，是这样子。我心里想，如果当时有一部法律可以把你们都抓进去的话，你觉得我会让你在这儿跟我讲这些东西？

访问者：当时你跟老师说，老师也不理这件事情，有没有想过要报警？

受访者：没有意识到可以报警，而且我感觉也没有受到什么肉体上的伤害。最多是用球砸的脸，也最多打出个淤青，你也不好说是怎么来的，一个淤青轻伤都不算。

给学生个人的指导建议

写给学生的话

我们有两种生活的方式，一种就是不加思考，任凭本能驱动我们自己，仿佛是一个铁轨上无人驾驶的火车一样。另一种则是勤加思考，在每个路口都考虑一下自己能够做什么选择，意识到自己当前要的是什么，放弃的是什么。

前一种会比较轻松。当你还没成年的时候，爸爸妈妈也会帮助你把铁轨安排得很好，让你吃饱穿暖，给你安排得妥妥当当。

后一种其实是很辛苦的，因为我们会觉得自己想不清楚，很麻烦，等等，而且，自己做出的决定，事后就可能会后悔自责，等等。

大部分人的生活方式在这两种之间，并不存在哪种生活方式绝对更好一点。我们不可能完全拒绝本能的轻松省力，也不可能每件事都深度思考。

在面对校园欺凌的时候，我们需要知道，本能的反应有时候会让我们陷入更大的麻烦。

我们的本能来自我们身上的动物性，而如果你去观察一下动物园的猴子，你会发现，猴群中从来都是每天上演"猴山欺凌"。任何一种社会性动物，都有可能发生欺凌行为，力量大的欺负力量小的，社会地位高的欺负社会地位低的。被欺负的猴子没有什么控告申诉的机会，只能默默忍受，或者报复回去，或者等自己的力量变强了，地位变高了再去欺负力量更小、地位更低的猴子。

我们现在反对校园欺凌，是因为我们的人类文明已经建立了超越动物性的文化与法制，我们希望每一个人都安全有尊严地生活。在文明时代，对抗根植于我们动物本能中的欺凌行为，我们不能完全凭本能来回应，而是要多多思考，给自己准备更多的回应策略。

今天可以做的事

我们来了解一些本能驱动下对校园欺凌的回应，你可以看到这些本能反应会给你带来远比欺凌行为本身更大的伤害。

1. 地下室陷阱

欺凌者的行为会给人带来很大伤害，而我们会本能地想要以牙还牙以眼还眼，被人打了就打回去，被嘲笑了就嘲笑回去。然而，这样的伤害不仅仅无法制止欺凌行为，而且这样的回应会让我们自己变得更低级。

我们每个人的心灵都像一座大楼一样，有崇高的天台，也有低陋的地下室。

欺凌者给我们带来了伤害，但我们自己不能让自己陷入到和他们一样的地下室当中。

你可以使用下面的内容来帮助自己区分自己心灵中的天台和地下室。

描述一次你遭遇的冲突或欺凌。

你是怎么回应的？

我的回应是在心灵的天台上还是在心灵的地下室里？
当我在心灵的地下室里回应对方的时候，结果如何？
当我在心灵的天台上回应对方时，我是如何保持冷静的？
如果冲突或欺凌事件结局很不好，那么我下次可以怎样改进？
如果冲突或欺凌事件得到了解决，那么我下次可以继续怎样做？

2. 自责陷阱

有时候我们自己是欺凌的受害者，但是却怀疑是不是自己哪里做得不对。这种情况在反复被欺凌的时候更容易出现。

你可以参照下面的表格，检视自己是否有这些想法，然后再把这些自责的想法一一纠正。

自责想法	实际情况
我本来就很失败	至少我还会反省 或者我还有好的地方
我什么都做不好	至少我还什么都试一下 或者我还有好的地方
我很笨	至少我不假装聪明 或者我还有好的地方
我太软弱了	至少我不欺负别人 或者我还有好的地方
我太敏感了	至少我在意公平和正义 或者我还有好的地方

3. 孤立陷阱

在遭遇欺凌之后，我们很容易因为痛苦、害怕等情绪，把自己包裹起来，退缩到一个人的天地，不想和别人说话，不想去做自己喜欢的事情。但是这样把自己孤立起来，生活在一个孤独的茧中，只会让欺凌者得逞，让我们自己更难受。

请你参照下表检视自己是否被这种孤立陷阱困扰。

你有没有经历过不想或者不敢找别人说话，找别人玩耍的情况？请描述一下当时的情况。	
导致你进入这个孤独的茧的诱因是什么？	
这种孤立的情况持续了多长时间？	
你因为这种孤立，错过了什么自己喜欢的活动？	
你觉得自己能做点什么结束这种孤立？	
如果你想不到可以做些什么，请你列出一些你喜欢做的事。	
选择一件喜欢做的事，先做起来，然后写下你的感受。	

4. 抑郁陷阱

遭遇校园欺凌可能会导致我们陷入严重的心理抑郁状态。抑郁是一种心理遭遇了障碍的异常状态。我们要学会识别这种状态，并且破除一些对于抑郁的错误理解。

你可以首先使用下表评估一下自己有没有遭遇到抑郁的状态，注意，有抑郁的表现并不意味着你就一定患有抑郁症。

表现	有/没有
1. 我感到闷闷不乐，情绪低沉	
2. 我晚上睡眠不好	
3. 我很容易哭出来或者常常觉得想哭	
4. 我食欲下降或者体重减轻	
5. 我会无缘无故感到非常疲乏	
6. 我感觉别人不需要我，我是个没用的人	
7. 我觉得不安而平静不下来	
8. 我对以前喜欢做的事情感觉丧失了兴趣	
9. 我觉得未来没有希望	

续上表

表现	有/没有
10. 我的能力不如以前，成绩也有退步	
11. 有时我感觉如果自己不在了可能别人会更好	
12. 我会有伤害自己的想法	
13. 我试过伤害自己	

如果你有11、12、13的表现，请你知道，不论你正在或者曾经经历了什么，伤害自己都不是解决方法。请你立刻尝试联系一位你信任的成年人，如果你觉得实在不想告诉自己的父母、老师，请你直接选择学校里一位不教你课的老师，请他听你讲一讲，也许他也不能解决你的问题，但是说出来会稍微好受一点。

如果你正在经历抑郁表现的困扰，请你参照下表，识别一些关于抑郁的错误理解。

关于抑郁的理解	你认为正确/错误	解读
抑郁是不健康状态，就像心灵得了感冒一样		抑郁是一种心理障碍
感到悲伤就是有抑郁症		悲伤是抑郁的一种表现，但悲伤并不等于抑郁症
你只要想一些高兴的事就可以不再抑郁了		抑郁需要专业的帮助，单纯靠想一些高兴的事不一定能帮你走出来
任何人都有可能抑郁		是的，任何年龄、性别、职业的人都有可能遭遇抑郁的困扰
一定要经历了不好的事情才会抑郁		有时生活中所有事都很顺利，但人还是有可能陷入抑郁
和别人谈论自己的抑郁，只会提醒自己让自己更抑郁		说出来是梳理和宣泄，每个人都需要，这对于缓解抑郁有好处
抑郁如果得到专业的帮助会得到有效地改善		是的，专业的心理咨询对于抑郁有完整的帮扶方案和多种方法

给家长的指导建议

写给家长的话

如果你怀疑孩子遭遇了校园欺凌,不要急于一连串地追问,孩子向家长倾诉有犹豫是正常的反应,追问反而可能让他更不愿意说出来。在这种时候,你可以从侧面先谈到校园欺凌这个话题,例如带着孩子读一本书或者看一场电影。

今天可以做的事

作为家长,请你先读一读下列表格中的书籍,看一看这些电影。然后根据你的孩子平时的喜好、个人的特点等,选择他最有可能感兴趣的和他分享。

书籍	电影
《海鸥乔纳森》 作者:理查德·巴赫	《校园规则》 导演:米凯尔·哈弗斯特罗姆
《象棋的故事》 作者:斯蒂芬·茨威格	《青鸟》 导演:中西健二
《奇迹男孩》 作者:R.J. 帕拉西奥	《放学后的屋顶》 导演:李哲勋
《萤火虫小巷》 作者:克莉丝汀·汉娜	《更好的世界》 导演:苏珊娜·比尔
《草房子》 作者:曹文轩	《肖申克的救赎》 导演:弗兰克·达拉邦特
《最好的我们》 作者:八月长安	《当幸福来敲门》 导演:加布里尔·穆奇诺
《安德的游戏》系列 作者:奥森·斯科特·卡德	《爆裂鼓手》 导演:达米恩·查泽雷

给老师的指导建议

写给老师的话

我们在班级中要帮助学生了解应对校园欺凌的多种策略,既包括按照学校的制度和行动流程来寻求对欺凌者的惩罚,也包括学生之间的同辈调解。

应对校园欺凌的"孙子兵法"

今天可以做的事

筹备并开展一次专题班会课,为学生介绍"双赢"的沟通框架和同辈调解的解决策略。可以参考以下流程。

1. 介绍本校或本班针对校园欺凌的政策与行动流程,说明举报和处理校园欺凌的制度。

2. 介绍如何以平等心态,在倾听的时候表达尊重。

眼睛直视正在说话的人。

安静地专注于正在说话的人。

耐心等待轮到自己才开口说话。

保持开放心态先听后说。

当你想要打断的时候,先做一个深呼吸冷静控制自己。

3. 在班级中指定一个"和平倾听角"或者"和平倾听桌",引导学生在来到这个和平倾听的小天地之前先做好深呼吸,让自己情绪冷静下来,把愤怒和恶言相向留在外面。

4. 介绍"双赢"的沟通框架。

保持冷静
以平等心态,想对方表示尊重
确定谁先说话,轮流发言
在发言的时候,以"我"开始一个句子,而不是以"你"开头
谈具体的事情过程和自己的感受,而不是攻击对方
在对方说的时候安静倾听,可以设定发言的时间限制
在表达自己观点之前,先说"我听到你说的是……",进行确认
对事件积极承担责任,表达愿意做出妥协
双方商议对彼此都公平的折中方案或解决方案
确认、肯定、原谅、感谢或者道歉

5. 讨论这种调解的好处。

为学生提供了锻炼语言能力和社交能力的机会。

带来双赢的结果。

让学生能够及时的处理问题,缓解彼此的焦虑。

让校园欺凌的双方以平等的身份进行对话,促进共情,阻止欺凌行为转化为欺凌关系。

给学校管理者的指导建议

写给校长的话

惩罚欺凌者是最常见的针对校园欺凌事件的处理策略，但是我们面对校园欺凌时，还要有更丰富的应对策略，这样才能在面对复杂多变的欺凌事件时，拥有更加灵活的策略选择。

今天可以做的事

1. 组织全校教职工针对本校的校园欺凌政策与行动流程进行回顾与反思。
2. 组织关于惩罚措施的不足以及如何使用的讨论，可以参考下表。

惩罚措施的不足之处	同意/不同意
惩罚可能会导致更多焦虑和不满	
惩罚很难保持长期有效，往往只是一开始的时候有效	
惩罚导致学生以后尝试更隐蔽地欺凌	
惩罚并没有促进好的行为	
惩罚本身并不是一个好的人际关系解决方案的示范	
只能针对欺凌行为惩罚，无法针对诱因或关系	
惩罚导致欺凌事件以及受害者一定程度被公开	
惩罚措施使用的注意规范	
及时	
程度适当	
被大部分学生接受，认可为公正	

3. 讨论是否引入专业机构，协助建立非惩罚的多种应对措施，以恢复公平公正的关系为目标，而不是简单惩罚欺凌者。

	和解策略	集体利益策略
1	与受害者面谈，了解情况	与当事人——单独面谈了解情况
2	与所有当事人面谈，了解情况	与受害者单独面谈了解情况
3	向所有当事人解释这个人际冲突问题中的关键障碍	确认所有当事人的参与对于整个班级整个学校集体的多方面影响
4	鼓励双方积极承担责任，主动提出解决方案	把问题放到一个更大的集体中，进行集体的讨论
5	引导所有当事人对所有提出的解决方案进行对比评估	在集体中，提示所有人思考，以共情方式理解自己如果处于受害人角色会有什么困扰
6	交由当事人选择解决方案	将当事人在集体中进行解决方案的集思广益
7	与所有当事人再次面谈确认解决方案与行动计划	与所有当事人再次面谈确认他们从集体讨论中选择解决方案

创造多领域的个人优势

校园欺凌不是我们成长的主旋律。我们在成长中需要解决的根本问题是，如何增强自己的能力，而我们能够排兵布阵的资源，最重要的就是我们的时间。

我们要考虑把时间花到哪里去。如果我们把时间耗费在负面情绪中，那么我们会损害自己的身心健康，而且不会把时间转化为自己的优势。而如果我们能够有效地创造出更多个人优势，那我们就可能将欺凌中的强弱形势进行转变，从根本上解决欺凌问题。

案例访谈

访问者：请问一下您现在多少岁？职业是什么？
受访者：24岁，硕士研究生。
访问者：请问一下校园欺凌发生的时间、年份、所在学校、城市大概是什么？
受访者：在小学，到六年级的时候。在我们一个镇上的中学，还有镇上的小学。

访问者：好的。您能具体说一下那段时间发生了什么事情吗？

受访者：我印象中被欺负过，比如说轮胎被别人扎破了；戴帽子去上学，别人来抢我的帽子；晚上放学我骑自行车回家，就被人拿石头扔，别人也骑自行车追着我，然后拿石头扔我；我在3楼上学，他们从上面往下面对着我扔香蕉皮；在背后说我坏话，传我谣言。大概就是这些了。还有，农村有稻田，他们把我围在稻田里面去欺负我、恐吓我，但是也没有什么实际行动。小学生可能也不是很敢做什么，可能是欺负小女生的那种。我也不知道他们什么感觉，大概就是这些事情了。

访问者：您刚刚说别人背后说你坏话，传你谣言，大概会说什么样的话？

受访者：比如说我爱打扮，很嚣张，家里穷。

访问者：还有吗？

受访者：想不起来了。

访问者：我们暂时先不想。请问一下，从小学一年级到六年级之间，这六年期间都有类似的事情发生吗？

受访者：不是，是在六年级。

访问者：就只有一年。

受访者：不是，是在我四到六年级之间。四年级有过，六年级也有过。

访问者：欺负你的是同一批人吗？

受访者：一直都是同一批人，要不然就是同一批人新结识的朋友。他们不是同一批，但是他们都认识，也相当于同一批人。

访问者：都是女生吗？

受访者：男女生都有。

访问者：你想过为什么他们会针对你吗？

受访者：有啊，六年级很多人在背后说我坏话。我那时是学校广播员，长得也很好看，我就收到很多情书，那些女生就会八卦，说我其实很麻烦，性格很差，家里很穷又嚣张，天天又打扮那么好看，做广播员声音嗲嗲的。大家传这种话，那个时候我就觉得是自己错了，我本来特别活泼很开朗，后来我沉默寡言，不怎么爱打交道了。

他们做得很过分。假如偶尔传一下谣言，这其实不会伤害到我，但他们是连续传，在我四年级传、五年级传、六年级还传，甚至到我初一我还能感受到他们在传。这种连续性伤害的话，让我变得性格收敛了，不想那么高调张扬。所以，我潜意识里可能觉得之前都是我自己错了，我自己太高调张扬了，我干嘛去当一个广播员？干嘛在老师面前想疯狂证明自己，在元旦晚会或者什么会上表演节目呢？我觉得我自己太高调了，然

应对校园欺凌的"孙子兵法"

后又不懂事,说话没轻没重,是不是自己说话在某方面太嚣张了,别人听起来不舒服,我会把原因归结到我身上。

访问者:所以,这是初一的时候发生的事情,是吗?

受访者:初一也发生过一些没有动手的欺凌,属于言语欺凌,或者说一些信息。

访问者:初一是言语欺凌,他们会当你的面去骂你吗?还是是像小学一样传谣言?

受访者:他们所有人都没有当着我的面骂过我,也没有指着我说你这个坏女人。他们都是看着我,但是并不是对着我说,就像我的隐喻一样。但其实我说的就是你,我就是不对着你说这种话。他又没对着你做什么,你要去质问他的话,他可能就会说,我没有在说你。也有过恐吓我、要打我之类的话,也有扔香蕉皮这种行动。

我记得我上初一还跟小学欺凌我的男生在同一个班。因为我那个时候已经变了,所以班上女生她们对待我的态度让我觉得我并不像传言那样的人,我还是很好交往的人。所以,她们也会有时候跟我说一两句话。有一天,那个女孩跟我说,有一个小学欺凌我的男生说现在他依然想追我。所以说,小时候那些男生欺负我其实是想引起我的注意,因为我小学学习也很好。但在我看来他们就在欺负我,他们可能觉得好玩,觉得在逗一个女孩子开心,但在我眼里不是那样。在我眼里,我现在看来他是欺凌,但那个时候我不知道那是欺凌,我甚至也不觉得他们是在欺负我。我觉得很害怕。

访问者:你当时觉得很害怕,你会不会讲给你的朋友、家长或者老师听?

受访者:我没有跟老师讲过。有一回我跟我爸爸说过,然后爸爸就说要找男孩谈谈,在校门口等着他。但是那个时候我很怕把这件事情闹大,我怕后面我爸爸走了,第2天我来上学,他就会报复我,扎我的轮胎,又抢我帽子或者把我书本藏起来。所以,就迄今为止,老师也不知道,我爸妈也不知道。

访问者:你刚刚不是跟你爸爸说过一次吗?

受访者:对,我说过一次,我说有个男孩子欺负我。但我事后问过他,小时候我跟他说过有人欺负我,我爸爸都不记得了。

访问者:你是记得的吧?

受访者:我肯定知道了。

访问者:你跟你爸爸讲完了之后,你爸爸去校门口打算堵着他,找他聊一聊是吧?

受访者:对,我爸爸想警告他。

访问者:但最后因为你也在一边劝着他,所以,最后没见着是吗?

受访者:不是。我说:"爸爸回去,没有事情,就只是同学之间的小打小闹。"我把这件事情给弱化了,我爸爸就说"好",然后我们就回去了。因为我怕事情闹大了,

156 兵势篇——合理分配资源,确定主次策略

怕那个男孩子会回来报复我，我那个时候是这么想的。

访问者：这个男生是跟现在还喜欢你的男孩子是同一个男孩子？

受访者：是的。

访问者：你现在往回看。你有没有去问过那个男孩子，为什么当时他会那样对你？

受访者：没有问过，从来也没问过。没有跟他说过一句话。

访问者：说回您在被欺负的时候，会不会有一些旁观者？

受访者：有一个。

访问者：有一个是你的朋友，还是？

受访者：不是。旁观者更多是他的朋友。有一个朋友旁观了，她旁观就说这些人很坏。但她并没有提出什么帮助建议。她也解决不了，在他们欺负你的时候，她也没有上前去帮忙，可能在他们看来，我们都是在打闹在玩耍，比如说：那个人当初拿着我的帽子，传来传去最后扔到厕所里面去了。他们可能觉得在玩耍。旁观者可能这么认为，他们甚至都不觉得这是一种欺负。我们那时年纪那么小，农村、镇上的学校都没有这种概念。

旁观者的确有很多。有些是在一个班上但跟我没有关系的旁观者，他们也看到了但没有任何行动，没有告诉老师，没有批判那个男孩子，也没有过来安慰我。我身边的好朋友自然会安慰我。比如说：我的同桌他知道了，他有安慰我，但是，他并没有告诉老师或者起来大声指责那个男孩子是错误的，告诉我应该怎么办。这个旁观者也没有。

访问者：你当时心理上和生理上都受到伤害了吗？身体上面，有什么样的伤害吗？他会不会打你？（身上）会不会淤青、会不会肿啊？

受访者：比如，小时候有男孩子，他会掀我裙子，然后他会想抱我亲我；女孩子就是抄我的那些东西，她们没有打我，就是会说一些嘲笑的话，比如有一回运动会，我穿着鞋在枪响那一刻就摔倒了，就没有跑成，下午上课的时候，我听到那些女生在那里说："上午不知道是哪个人啊，那么搞笑，摔跤了，这要是我就丢脸死了，还好意思来上学。"大概这些讽刺我的话。女孩子大概是会做这种事情。

访问者：你当时的感受是什么？

受访者：我记得我当时我看都没有看他们，就直接走进教室了。

访问者：你是不敢看？

受访者：我觉得我就不敢看，我觉得更多70%属于不敢看，30%是觉得不屑于看吧。

访问者：所以这个也算是当面在你面前说的话。欺负你是通过很多种方式，这些事件的发生的频率大概是怎么样？会不会天天都发生？

受访者：几乎天天发生。比如说传谣言这个事情，背后窃窃私语的，在我初一上学期几乎是天天都发生，甚至下学期都有。在窗户外面有一群女生在那里叽叽喳喳，你能看到她们在看着你，我不知道她们有没有说，但是她们这样的行为围在一起，的确影响到了我，在我看来她们就是在说我坏话了。

访问者：初一的时候，你知道她们会再传你什么谣言吗？会不会还是同一批人？

受访者：大概是同一批人，初一就是同一批人，然后一传一、一传十，没有把事情弄得那么严重。大概是他们几个人范围内。

访问者：你还记得第一次发生的时候吗？

受访者：第一次应该是在小学四年级。

访问者：大概是从哪一类事情开始的？

受访者：男孩子惹我，没事就拍拍我，然后抢我的书，抢我的笔。从这种事情开始的。

访问者：他抢的时候，你会不会去骂他，反驳他？

受访者：会，我肯定要把它抢回来。在别人眼里这就成了我们在打闹。所以可能那个男孩子的初心也确实是打闹，我不知道这样构不构成欺负。

访问者：你当时不知道这件事情是一种欺负，是吧？

受访者：我当时不知道，当时没有欺凌这种概念。没有欺负这种感觉，他抢我东西就是好玩了，跟我玩一玩，但是后面就越来越严重，到扎我的轮胎，包括要和同学打我这样的话，慢慢就从这类事情开始，我后面就害怕。

访问者：那段时间你会不会很恐惧上学？

受访者：肯定会。比如他会恐吓我说晚上要打我。我知道这个消息，我就会一直战战兢兢的，根本学不进去。放学了就很担心，想快点回家。

访问者：你放学的时候会不会故意去找个人跟你一起回家？

受访者：不会，我不想麻烦别人。

访问者：所以自己一个人放学，自己赶紧跑回家是吗？

受访者：对。但是很显然没有用，别人如果要打你的话，早就追着你了。

访问者：这件事情最后是怎么样处理的？你可能小学四年级，然后一直到六年级，都被欺负。你以为升到初一，就可以不用对着同一批人了，结果初一，你还是要对着同一批人。这个事情最后是怎么结束的？

受访者：同一批的人没有再欺负我。后来他们辍学了，他们没有再读书了。

访问者：初中的时候就辍学了是吧？

受访者：对。初一就辍学了，到初二初三就没有人再欺负我了。

访问者：那些人的成绩不好。辍学的那些人，他们是因为什么原因辍学了？

受访者：读不下去了，大家都是留守儿童。也都认识外面的人，那个时候很流行不读书去打工，然后他们很多人就不读书了。就混混日子，成绩也不好这样子。

访问者：小学的时候你被人欺负，让你觉得很害怕，不想去面对他们；到初中的时候，你同样被欺负，你会不会跑去跟老师讲，因为你初一，其实有一个年龄上的变化，年龄的增长可能会让你的思想变得不一样。

受访者：我知道，我并没有去告发任何一个人。我知道投诉没有用。为什么没有用？因为老师会觉得是小孩子之间打打闹闹，他并不重视这个事情，一点也不重视，他只重视成绩。我告诉老师，老师可能只会觉得，为什么是你被别人欺负了？别人都没有这个问题？你反思一下自己是不是你自己做错了？我不想受到这种质疑，而且我觉得最重要的是他们没有让我受到一些身体上的伤害，真的没有受到很严重的欺负欺凌。如果很严重的话，或许我会求助，但他们就是一种恐吓，不在你身体上做任何严重的印记，比如说流血。这种没证据。我也不好说"老师他们欺负我"。那时都没有"心理问题"这种概念，老师永远不相信，所以我没有投诉。

访问者：你当时被欺负是什么感觉？因为发生过很多不同类型的事件，就像言语欺凌，抢帽子，还有把你推到田里面，是不是每一件事情发生的时候，您的心态都是一样的？

受访者：不是的。比如说把我推到田里面，一开始我的心态是觉得他们想跟我玩，就是玩奔跑的游戏。但是到后面他们就把我包围了，围成一个圈，我就在中间跑不出去。我记得这个情景，那个时候我才渐渐感到害怕的，我才真正感觉到他们不是想跟我玩，真的想欺负我。他们那个时候的理由就是想亲亲我，想抱我。一些小男生可能他们比较早熟，当时我还好有一个朋友在旁边，她挺帮我的，她就一直抱着我。

访问者：她是女生吗？

受访者：是。是我同村的一个女生，我们不是同班同学，但是一个村里的，那天正好我们一起放学回家。这个跟扔帽子的感觉也是不一样的，跟在背后扔我石头的感觉，都是不一样的。真动手会更害怕的。如果只是做出一些威胁性的举动，更多是一种心理上的害怕。比如说用石头砸我，那个时候我害怕得牙齿都在打颤，这会更严重。

访问者：当时对你的心理上会不会有什么影响？大概是什么样的影响？

受访者：有啊。我记得我最害怕的一次是很多人帮主谋者围着我，站在我的敌对方，主谋者就拿石头砸我那个时候，当时的感受就是我知道他们不会弄死我。想吓我，我最多受点小伤。所以，那个时候我很害怕，但是，我还是表现出一副不怕死的那种神情，我没有说一句话，一路上感觉就是那种悲壮。我觉得自己好可怜好委屈，明明没有做什么却要被这样对待。还有一种想报复很仇恨的心情。事实上，这个心理影响我很多年，我高中的目标就是想报仇，这个影响我很久。我大学的时候好一点点，但我高中三年都是很恨的那种心理。然后，我上了大学见不到这些人，也听不到这些人的事了，我去了很远的东北。那个时候我想逃离这一切，本科就去了东北。我过年要回来又回到家乡，有时候都碰到之前的那一伙人，他们没有实质性欺负过我，但是，他们和主谋他们认识，我也会很害怕他们，害怕让他们看到我，我都会躲着他们。然后，我知道我并没有放下来，如果我现在碰到他们，我觉得我还是会不想见他们，我会躲开他们。

访问者：您觉得他们会不会记得这件事情呢？不管现在还是高中，你也不想见到他们，因为他们是欺负你的人，是吧？

受访者：对。

访问者：你高中的时候特别恨他们，为什么是高中的时候？

受访者：我觉得主要是心理成熟度，我都要比别人晚几年。这可能跟家庭有关。我初中三年都是住在农村的山上，没有人交流，没有人教导我心理方面知识，我爸妈也不懂，他们都是农民。我心理成熟比别人晚很多，我到高中才知道，其实以前受到这些行为是很可怜的，很没有理由的。

访问者：所以你那时候特别想报复他。如果你能，你会用什么手段去报复他吗？

受访者：我那时候想的都是一些言情小说里的情节，我也没有要杀他们捅他们。我认为击垮一个人最好的方式是断了他的财富。那时，欺负我的男孩子在家乡开了一家店，我思考怎么样才能让他的店倒闭。我还想叫几个混混打砸抢劫。但我并没有实施，我没有那样的勇气，也没有那样的经济实力。我一直很想报复他，后来我想：你要有能力才能报复别人。怎么样才有能力呢？考上了大学才有用，所以我很努力地读书。

访问者：你考上了大学了。

受访者：考上了大学之后，我的确很努力地赚钱，但是，我感觉和之前的初衷又不一样了。我觉得我再去告诉他已经没有任何意义了，我越在意他们，其实越伤害我自己。我更想明白了一点点，心理更成熟了一点点。我渐渐把仇恨放下了。

访问者：你是从大学什么时候才开始放下这件事情的？

受访者：我觉得从大一的时候开始，从上了大学，进入大学校园的那一刻开始，一切就冥冥之中不一样了。自己上大学而他们初中辍学，我感觉我们两个人已经差异巨大，不是一个阶层的人了。我这种感觉。

访问者：对你现在会有什么影响吗？

受访者：有。比如说：在心理层面，我不会对别人说真话，我不信任别人。在生理层面，我想到这些事情还是会依然颤抖着，心跳加快，跟陌生人碰一下或者手挨到，我都会感到很难受，不想让他们碰我，我很直接排斥别人。

访问者：你没有谈过恋爱吗？

受访者：我觉得男生都很不靠谱，女生都是斤斤计较的，有一个刻板印象吧，这件事情很影响人际交往和心理健康。

访问者：你有想过要去克服它？用过什么方法吗？

受访者：有啊。有一次，进行过一个房树人的治疗。心理咨询当中不是有这个技术吗？我也想通过一些心理咨询方法来忘掉我小时候经历过这样子的事情，它一直影响到我现在。我也想找一个方法来忘掉它，我知道房树人是一个技术，它可以帮助我。通过画房树人，分析房树人，像冥想的这些让我忘掉以前不开心的事情。我试过从里面走出来过。后面我放弃了没有再继续下去。我觉得有这个经历，不是好事但也不是坏事。至少现在我想通了，我没有继续悲伤了。我知道现在还是有很多的农村的女孩子，她们不懂这些。我觉得挺可悲的。她们可能都不懂欺凌是什么。后来很久我才知道，原来我小时候有被欺凌过。

访问者：你是什么时候意识到以前经历过的是一种欺凌？

受访者：在我知道"欺凌"这两个字的定义之后。

访问者：大概是什么时候？高中吗？

受访者：应该是高中。

访问者：如果你现在有一个机会，你想对当时的自己说什么？或者是对当时的欺凌者说什么？

受访者：我会对当时的自己说……我不知道说些什么。

访问者：你会不会希望当时自己能够勇敢一点，大胆一点，去反驳他们。

受访者："勇敢"两个字很重要，我可能会说："你要勇敢一点，不要害怕。"

访问者：你会对当时的欺凌者说什么？还是不想对他们说什么？

受访者：我根本就不想对他们说话，我只想跟自己说，我们要勇敢一点。

访问者：你现在回想起这件事情的话，你还是会难过，会害怕吗？

受访者：我不再害怕了，但是，我还是会掉眼泪。

访问者：还是会伤心的，是吧？

受访者：好像是这样。

访问者：从小学四年级到六年级，你都一直在处理这个情况，结果你发现了初一还是这个情况，初二就没有再经历过了。你当时的心情是怎么转变的？

受访者：我觉得我那个时候更多的是隐忍，逃避不开心的、难受的、畏惧的心情。我并没有直面地思考它。我一直放在心里，也没有跟别人谈起过。

访问者：所以说心情的转变是自己压着调解，因为这两个年级的之间的转换其实也是蛮大的，初一的时候，还是会有欺负你的，到了初二之后，不会有人欺负你了。你会不会觉得轻松多了？你上课也会比较用心一点？

受访者：六年级升初一我挺开心的，我觉得逃过了那些人。没想到初一又在一个班了，我不开心。初二时，那些人辍学了，那个时候我是最开心的，我觉得我拥有了一个新的开始。的确发生了一些转变，我变得特别叛逆，觉得我自己应该要有势力，别人才不敢欺负我，我那个时候就成了大姐大，也真的没人敢欺负我了。那时我还想辍学，觉得读书不重要，还是被人欺负。但是我家里人都劝告我，还是回去读了，但我主要是为了家人读，也并没有为了我自己。

访问者：你当时为什么想辍学？

受访者：家庭原因，家里挺穷的，想到了挣钱，成绩也不是很好。

访问者：最后还是继续读书，当时是高中还是初中，那时候想出去辍学？

受访者：初二。

访问者：我想补充一个问题，你之前说过你有同桌或者是你的朋友，曾经安慰过你是吧？他大概说了什么话来安慰你，还记得吗？

受访者："不要哭了。"我知道他们安慰不是真心的安慰，拍拍我的背，说"不要哭了"，大概类似这样的话，他们也说不出什么高级的词语。

访问者：他也只是敷衍一下你。你在被欺凌的时候，整个班或者整个年级就只有你一个人遭受这样的境遇吗？

受访者：至少在我们班是这样，就我一个人，可能其他班也有，但我不知道。

访问者：原因就是一直都是你比他们好？他们妒忌你吗？

受访者：除了女孩子，男孩子可能觉得我好看，想逗逗我，我也不理他们，就呆在家里，我也不知道他们怎么想的。

访问者：你也不知道怎么想的，你刚刚说你尝试做一些心理治疗去忘掉他们。你忘掉过吗？

受访者：肯定忘掉过。

访问者：忘掉了多长时间，然后又记起来？

受访者： 从大学毕业到9月份都忘了。可能被提起的原因是，比如说：我看到词典两个字，听到别人说"欺凌"这两个字，只要提到了这些关键字，我都会想起来；只要我当时情绪不是很好，我都会记起来，就算我情绪很好，我也知道我曾经被欺凌过，我可能不会回忆细节，但是我会想起来，我曾经被欺凌过。

访问者： 其实它对您的生活影响还是蛮大的，是吗？

受访者： 从小到大的生活，我觉得它对我的影响是很大的。但我自己一直都不知道，我自己做了很多事情、很多选择都是受到他们影响的。比如说我突然很想好好读书，是觉得不能让欺负我的人好过，我想好好读书，出人头地；我想选择东北的大学，是因为我想逃离他们在的这个地方；我突然换一条马路走、换个方向走，是因为不想碰到他们，是因为知道他们的家就在附近。至少在大学以前的很多事情，受他们影响。大学以后就好多了。对，至少我考研，考回到我现在所在的家乡以前我是觉得不可能的。现在它对我的影响没有之前那么大了。

访问者： 你这是算放下了吗？还是没有放下？

受访者： 只是看开了。放下的话，我说这件事情的时候我还是会掉眼泪，我觉得我也没有放下；没放下的话，我也没有很恨了。我没有心跳加快，一直很平静地在说，我也不知道我现在是什么情况。但我肯定是看开了点。我应该在尝试放下，有机会我肯定会放下。

访问者： 现在你的家人也不知道吗？一直到现在都不知道？

受访者： 是的。平常聊天一般不会聊到小学我经历过啥事，有一回聊到了。

访问者： 他们给的反应是什么？

受访者： 他们会说你小时候还遇到过这么多事，我们都不知道，怎么不告诉我们，就这样的话，然后就过去了，也没有说什么了。

访问者： 他们也没有问现在对你还有没有影响吗？他只是说了一句话，您当时的感受是什么？

受访者： 挺一下。我也没有怪爸妈，风清云淡就过去了，心里其实挺酸涩的。大学就不谈这个话题了，不会有这种感觉。

访问者： 不会怪你的家人，也不会怪你的朋友，也不会怪你学校的老师。您是觉得是不应该怪还是说因为他们不知情，所以觉得好像怪他们也没用呢？

受访者： 爸爸妈妈，我不知道他们怎么想，我估计他们都不知道。他们也不知道"欺负"这两个字。他们小时候没有怎么教育我、很关心我之类的。

访问者： 小时候没有太关心你，现在长大了会不会多关心你一点？

应对校园欺凌的"孙子兵法"

受访者：会。当然也不会问你在学校里跟同学处得怎么样，有没有欺负你，不会问这种话。说"吃饭、早点睡"这样关心的话会多一点。

访问者：你心理上会不会比小学的时候会开心一点呢？你听到这这些话的时候。

受访者：会的。

访问者：小时候他有没有对你说过这类关心你的话呢？

受访者：没有。就不在同一个家里住，爸爸妈妈出去打工，小时候也在一起住过，但并没有说过这样的话。他就是让你白天上学、晚上回家做作业，吃完饭自己睡觉。

给学生个人的指导建议

写给学生的话

所谓特长，并不等于做得比别人好。关键的特征在于这件事我喜欢做，愿意付出时间。也许你现在就能看到旁边一个人唱歌比你好，画画比你好，但是，只要是你喜欢、愿意付出时间的事情，坚持下去就一定会比现在做得更好，这就是属于自己的长处。

今天可以做的事

请你根据下面的框架，梳理自己喜欢做的事情，寻找自己的特长。当我们自己培养了特长之后，我们会让自己过得更开心、更充实，也就更有力量自然而然地战胜欺凌。

领域	具体的活动
用到中文的活动	
用到外文的活动	
艺术类的活动	
体育类的活动	
生活中帮助父母的事	
志愿服务造福社会的事	
和钱有关的事	
用到数学的事	
用到科学的事	

兵势篇——合理分配资源，确定主次策略

给家长的指导建议

写给家长的话

所谓强者，不是压服别人，而是指承担责任重担的人。每个孩子都需要体验强者角色做出判断和选择。这并不来自打垮别人，而是来自他得到别人的信任做出判断和选择。

今天可以做的事

开展夫妻讨论，选择一些事情，委托给孩子负责，让他体验担任家庭的领导者。可以参考以下这些选项：

◎ 查阅健康指南，为家庭制作健康食谱，排出一周菜单。

◎ 查阅旅行指南，为家庭做一次旅行规划，包括订票、攻略、预算等。

◎ 查阅购物网站，为家庭做一次购买某个产品的性价比调查，并作出选择。

◎ 查阅志愿服务网站，为家庭选择一个全家值得关心的公益主题，并确定全家的行动计划。

◎ 查阅电影介绍，为家庭每个成员选择一部经典电影，说明理由并安排全家观影的亲子活动。

给老师的指导建议

写给老师的话

欺凌是强权者和受害者之间的关系。解决校园欺凌要从这种角色关系的根本上入手，为受害者创造展现自我优势的机会，转变弱者角色定位。

今天可以做的事

开展一次学生课外兴趣活动的调研，全面地了解学生，并根据学生的情况，组织一次"我喜欢我投入"的主题班会，给学生提供展现自我的机会。

可以参考以下的流程：

1. 参考以下问卷格式，进行个人兴趣活动的调查研究，同时也引导学生寻找自己的兴趣方向。

你现在有什么兴趣爱好吗？

续上表

你最近一个周末做了哪些课外活动的安排？
如果你有一个完整的周末假期，没有作业，你最希望做什么事？
如果让你提名一位你认为非常佩服的人来到我们班级做分享，你会选择谁？为什么？
如果我们开展一次校外参访，你最希望去哪里？
你曾经做什么事情的时候非常投入，忘掉了时间？

2. 开展"我喜欢我投入"主题班会课，介绍不同兴趣爱好对我们自己成长的价值。

3. 安排学生分成小组或配对讨论，了解其他人的兴趣爱好，在每个人很多的兴趣爱好之中，给每个人选择一个自己最愿意投入的、和小组中别人都不一样的活动。

4. 将学生配对，安排向对方展示自己的兴趣爱好活动，并体验对方的兴趣爱好活动。

5. 展示分享自己的体验，鼓励学生培养不一样的兴趣爱好活动。

给学校管理者的指导建议

写给校长的话

校园欺凌给学校带来的最大损失，是压制了受害者的成长，让他们局限在弱者的角色里，把自己年轻生命的宝贵时间耗费在了负面情绪之中。解决校园欺凌要多方筹措，帮助这些受害者寻找并建立自己的优势，转变弱者角色。

今天可以做的事

与各科老师探讨，有哪些学科可以开展综合实践教学活动，并与反对校园欺凌的主题相互结合。

学校中持续开展的活动以教学活动为主体。而各个科目的教学活动，都有可能渗透关联一些反对校园欺凌的内容。这样就可以作为一个示范，给受害者提供机会，让他们以优势思维转变弱者角色。

可参考的学科关联活动内容：

学科	反对校园欺凌关联活动
语文	给受害者写信，表达支持或给出建议 写日记 阅读一本关于校园欺凌的书籍
英语	阅读国外关于反对校园欺凌的网站 与国外笔友通信
数学	开展校园欺凌现状问卷调查，由学生进行统计报告
物理	分析身体不同部位受力情况，讨论打人的危害
化学	介绍催化剂的概念，识别校园欺凌中的催化剂角色
生物	介绍情绪反应中身体的变化，讨论欺凌带来的身心健康危害
历史	讨论强权欺凌的历史事件，讨论失道寡助的发展规律
地理	介绍各地旅游资源，讨论调整心情的旅行方案
政治	介绍校园欺凌相关的法律，讨论法律与和谐社会的关系
美术	介绍绘画对表达心情的作用，引导学生画出个人经历和心情 指导学生制作给低年级学生的反校园欺凌绘本
音乐	介绍音乐对调节情绪的作用，引导学生欣赏音乐 指导学生创作或改编反校园欺凌的歌曲
体育	介绍调整心情的运动

兵势篇——合理分配资源，确定主次策略

应对校园欺凌的"孙子兵法"

虚实篇
——创造主动时势，把握行动机会

应对校园欺凌的"孙子兵法"

《孙子兵法》的"虚实"篇行文流畅生动,道理简洁深刻,诞生了非常多流传广泛脍炙人口的名言,包括"攻其不备""出其不意""致人而不致于人""十攻其一""以众击寡""避实就虚""因敌制胜""兵无常势""水无常形",等等。这些说法都指向一个深刻的思考:强弱并不是不可改变的,打破常规,灵活地把握关键时刻,这就是解决问题克服任何困难的关键。

在应对校园欺凌问题时,我们需要创造并把握两个关键时机:第一,创造属于自己的积极高光时刻。第二,创造属于集体的善意和解时刻。

创造属于自己的积极高光时刻

在校园欺凌中,欺凌者占据着不平等权力关系中强势的一方,受害者则被限制在弱势的一方。这种欺凌关系的形成,在最开始的时候可能会和个人的力量差异有关、和个人的社会地位有关,但是在关系形成后,则更多是靠一种心理惯性在延续。

打破这种不平等权力关系的心理惯性需要我们把握和创造一些关键时机。对于每个人来说,只要积极努力,总会自己有所成就。创造了某一个问题的高光时刻,哪怕那个时刻周围没有人见证,没有人喝彩,我们自己也是知道的,比如成功地坚持完成了长跑,弹奏了一首很难的曲子等。

这种获得成就的高光时刻,就是我们要把握的积极情绪瞬间,在这个时机,给自己做心理激励,引导自己从内在走出弱者角色,建立自信。

案例访谈

访问者:请问您现在的年龄是?
受访者:25。
访问者:是已经在工作还是学生?
受访者:已经工作了。
访问者:想了解一下您遭遇校园欺凌大概是在哪个阶段?
受访者:小学五年级到初中二年级。
访问者:小学跟初中是不同的学校吗?

受访者：是。

访问者：请问欺凌者跟你是同班同学吗？还是校外人士或其他身份？

受访者：同班同学。

访问者：当时是怎么会有这种对你的欺凌行为，可以详细讲一下吗？

受访者：小学、初中是不太相同的。小学可能只是因为我比较听老师的话，其他人不太听老师的话，所以他们会排挤我。初中时身边很多同学基本是不良少年，没有什么特别的原因，他们可能觉得你跟他们不是一样的，就觉得你好欺负。

访问者：那小学的时候是有一帮人欺负你，还是一个人？

受访者：一帮人。

访问者：那旁边的其他同学是旁观，还是也会有这个倾向加入这帮人一起欺负你？

受访者：旁观。小学一开始有一两个女生站出来说说话什么的，但是没用。

访问者：家长和老师是知情的吗？

受访者：我现在记不太清了，但是后来有一次小学同学聚会，他们回忆这个事情，然后说好像老师是知情的，当时班主任叫他们去，让他们反省什么的。

访问者：所以老师的干预没有什么作用，是吗？

受访者：没有什么作用，因为最后解决这个事情还是要靠自己。

访问者：你可以详细说一下小学的时候五年级到六年级，事情是怎么发展的，你是怎么应对的吗？

受访者：一开始的话，因为我人长得比较小，有人欺负我，我会还手，这是第1个阶段；第2个阶段就是他们可能有一帮人去排挤我啊，或者说什么，第2个阶段在周末会去补习班学画画之类的，当时没过多久我就没去补习班了，那里有人会欺凌我。

访问者：因为有人欺凌你，所以你就选择不去画画了是吗？

受访者：对。当时还是比较小，就不去画画，放弃了。然后还有蛮多别的，比如说跟他们一起（学习）的好像是数学，忘了，反正是主科的哪一科，我也没去。

访问者：你尽量选择不再去跟那些人有接触，是吗？

受访者：是，这是第2个阶段。第1个阶段被揍，第2个阶段就尽量不接触。第3个阶段，我哥哥就干预了这个事情，因为家长、老师其实都没什么用。其实也不是我哥哥，是我干爸的儿子，他比我们年长很多，上高中了。有一天晚上我就跟他说，他第2天就去把这个事情给摆平了。

访问者：就是说你哥哥帮你摆平了之后，就没有人再欺负你了，是吗？

受访者：对。

访问者：这个事情是在小学阶段吗？

受访者：这是在小学阶段。

访问者：初中的欺凌又是怎么开始的呢？旁边的人也是同样的态度吗？

受访者：我们初中是特别小的班级，我上初中感觉身边很乱，不是在欺负别人，就是在被别人欺负。氛围如此。受欺凌的时候其他人就旁观，也不说什么。

访问者：初中阶段你向老师、家长或者是你哥哥求助过吗？他们知道这些事情吗？

受访者：没有，他们不知道。

访问者：那整个事情怎么结束的？到初二的时候为什么会突然就停止？

受访者：说起来比较复杂。初一下学期，事情比较严重一些，比如经常被揍、被烟头烫红之类，这种事情也有发生，但是男生一般初中那会总会有些脾气。我上初二的时候大概就比较明白这种事情。不是叫别人帮忙，而是用自己的拳头解决。靠自己打回去，然后把他们遏制住了。我当时看那种什么普京的传记，里面讲，就是说阿基米尔小学的时候，也很小，受欺负他就揍回去，我当时觉得我也应该揍回去，有反抗他们肯定会欺负少一点。加上那个时候我们班换了班主任，初二期末一口气开除了三个男生。

访问者：那在这两个阶段，你认为欺凌者他们欺凌的动机是什么？只是说排挤一些看起来比较弱的人吗？

受访者：我现在想起来，小学的时候可能自己也有问题吧。因为当时我过于听话。有时候很多事情不是很懂，年纪也比我同龄人小一些，我上学比较早，起初是因为回家，当时班主任为了方便，让同一个街区的同学组成一个小队。他不想自己管，就让我去当队长，然后说看到谁不守纪律，就跟他报告。所以打小报告是起点。后来大部分人玩得还可以，就像我们现在是打算假期还会聚一聚。

访问者：所以欺凌者的动机其实是因为想报复你打小报告的行为。

受访者：对，一开始是这样子。

访问者：他们欺负你之后会有什么样的反应呢？

受访者：他们可能也很愤怒，也很生气，他们觉得我打小报告，为了出个气。

访问者：你当时受到的伤害是怎么样的？比如说你刚刚说有烫烟头这种伤害，那心理上的伤害有吗？

受访者：烫烟头是初中的事情。小学的话，所谓的欺凌这个事情，我觉得你们采访的人他可能看出来了这个事情才会跟你们说。但被欺凌这个事情对我的影响还蛮大的，但是它并不是一种很表象的那种影响，说让我自卑，或者是说怎么样。我觉得它可能有多个阶段的影响，第一个阶段就是到初中三年级的时候。我在这个时候慢慢接触社会，然后我发现一个非常简单的道理。那个时候有个女生被其他女生欺负，她的爸爸第二天带着两辆车把学校围着，让那几个女生给她下跪道歉。当时校长都吓得！其实我家是有钱，初三那个阶段我就发现社会它不是像小学初中那样靠拳头去解决事情，它比我们想象得要更复杂一些，后来我爸就直接出钱让我去当地最好的一个高中。当时我们学校其他人也没有这样的机会，从此之后我就和跟他们没有任何联系。

访问者：下一个阶段是怎么样的过程？

受访者：下个阶段就是高中。高一我依旧会时不时按照初中的逻辑做事情，跟别人发生冲突，倾向于用暴力解决问题，比如说会想叫人去解决问题，后来基本是在好好学习。但是后来我发现这个事情的影响，是在大学的时候，有时候晚上会做梦梦到我还在初中，还在被欺负。就是说虽然现在想不起来，但是它还是有一些影响有时候会出现的，比如说做梦。做梦时心里还是会感到害怕，还有比如说有时候也不是很想现在跟他们去交往，其实心里还是不舒服的。

访问者：小学跟初中这些欺凌是天天发生，还是大概每个月会有几次吗？

受访者：我很清楚，基本上天天发生。

访问者：他们是有契机就会对你进行欺凌吗？

受访者：基本上算是。要么是放学的时候，要么就是第二天。学校是不知情的，小学跟初中都是最多就到老师那个层面。你说一下背景。我们这学生打学生是非常非常正常的，学校也不会觉得这个事情很严重，觉得很正常。学校觉得只是小孩子打闹，不太严重。但是也有的家长会非常重视，比如说刚才那父亲会直接叫人把学校给围住。这是被欺负者的这种家长的反应，然后还有一种是欺负别人的孩子家人有反应。比如说欺负我的那个人，他的爸妈会一直否认这种事情，觉得他小孩子如果欺负别人也是小孩之间相互的打闹。

访问者：你能想起来在遭遇每一次的欺凌之后，你当时的感受是怎么样的吗？

受访者：大部分的时候很难受，就是很难过、很委屈、很伤心这样的感觉。

访问者：欺凌事件对你后续的影响是像您刚刚提到的几个阶段这样吗？

受访者：对。最后一阶段，差不多大学毕业，会感觉到社会的运作方式并不是像学校里面那样。我觉得某种意义上是一种自信，比如跟他们对比，我觉得自己可能会更好，初中的人他们大部分可能读中专之类的。但我爸直接用钱把我送到最好高中，然后我自己努力去读书，再去美国，我可能会觉得社会还是要靠其他东西来说话。

访问者：在恢复的过程当中，你的心情有没有比较明显的转变阶段？转变过程是怎么样的呢？

> 受访者：这个过程中我觉得没有非常显著的转变，是一个缓慢的过程，上高中基本上是在学习，很少再去考虑这个事情。高中可能时不时晚上做梦会梦到又回到黑暗时代了，把自己吓醒，可能是这样。上大学的话事情更多，就慢慢地忘记了。但是如果说非要有一个点的话，可能就是高中毕业之后有一次小学聚会，大家再次见到的时候，其实都是成年人了。对于之前的事情，可能也都放下了，差不多是这种感觉。
>
> 访问者：就是见到之后您觉得自己已经放下了以前的事情。
>
> 受访者：对。初中同学我再也没有什么联系了，但小学同学还联系，大家聚会的时候就会感觉以前毕竟是小孩子。
>
> 访问者：现在回想起之前的欺凌事件的话，你现在是什么样的感受？
>
> 受访者：我觉得那个时候还是非常难熬、非常痛苦的一段时间。
>
> 访问者：回想起欺凌者，你有什么感受吗？
>
> 受访者：我其实没有太大的感受，但是我可能21、22岁的心情还不太相同，有时候觉得以后要报复他们什么之类的。但是人一旦过25岁的话，很多事情就看得更加现实了。我最近也会去思考，为什么我会和小学一部分的同学还在一起玩，然后得出一个非常简单的结论，因为我们家也都比较有钱，其他人他们家庭的条件要差一些。
>
> 访问者：你现在有什么希望对欺凌者说的吗？
>
> 受访者：现在回想起来，没什么好说的。某种意义上这是社会运作的一部分。我不知道其他人怎样，但是可能因为我的本科、硕士都学哲学，所以后来不是很在意。
>
> 访问者：你有没有希望对当时的自己说什么？
>
> 受访者：如果现在的话，我希望我能早一点反抗。

给学生个人的指导建议

写给学生的话

面对校园欺凌困扰的时候，你很可能感觉到生活暗无天日。在这种灰暗的日子里，我们要想办法给自己创造感受积极情绪的高光时刻。

你可能会觉得我面对这么大的困难，怎么可能开心得起来。确实，我们如果已经感到愤怒、焦虑、痛苦等这些负面情绪，它们就会好像压在我们心灵上的包袱一样，让我们没办法像以前那样开怀大笑。

但是，我们要体验的积极的高光时刻，并不仅仅指哈哈大笑。除了开心，我们还可以争取给自己创造更容易实现的成就感、使命感、责任感等其他积极情绪。这些时刻，我们有可能完全没有笑容，甚至泪流满面，但这是我们自己积极前进提升自我的时刻。

高光时刻与欺凌本身可能没有关系。我们可以借助高光时刻来给自己加油鼓劲，让自己更有信心面对欺凌的困扰。

今天可以做的事

你可以参照以下的提纲来梳理，如何给自己创造更多属于自己的高光时刻。

高光时刻类型	如何创造	如何利用这个时刻
超越自己	给自己一些小挑战，比如平时能跑四千米，今天要坚持到五千米，稍微比自己的能力高一点	体会这种设定目标，超越自己的心情，告诉自己，只要我下决心，就能改变
抛弃包袱	整理书桌，扔掉不需要的东西，或者让自己回忆起不快乐记忆的东西 整理自己手机，删掉让自己不快乐的图片或聊天记录	反思自己心理中的包袱，告诉自己该扔掉这些垃圾了
获得成就	给自己设定一个要坚持3天的小任务，比如每天做20个俯卧撑	告诉自己成就不是比别人强，而是自己坚持战胜了自己
帮助他人	参与一项公益活动，或者帮助自己的住宅小区，捡起路上的垃圾	告诉自己，任何人都可以给这个世界带来价值
赢得荣誉	参与一项校外的比赛，享受比赛的过程	真正的荣誉在你决定参赛的一刻就已经存在了，不依赖奖杯
拥抱自然	选择一个让自己放松的自然环境，或者一个壮丽的景观，安静地欣赏10分钟	告诉自己，伟大的自然永远都是我的朋友
承担责任	主动找父母要求把家里的一个事情由自己来尝试，给父母建议	告诉自己，主动才能赢

给家长的指导建议

写给家长的话

如果我们只局限在校园环境中，你会发现并不容易打破学生之间固有的强弱角色定位。这时就需要家长积极采取行动，在学校之外给孩子创造属于他自己的高光时刻。

虚实篇——创造主动时势，把握行动机会

今天可以做的事

开一次家庭会议,梳理一下孩子在学校获得的锻炼机会,然后全家共同讨论,如何在校外增加更多的机会。

高光机会类型	校内	校外
担任领导者	班委、社团领导者等	选择一件自己看重的公益主题,比如环保、关心罕见病患者等,采取行动呼吁大家关注
担任有远见者	主动发现问题,提出解决方案	为家庭记账,分析花费,提出优化方案
担任组织者	负责安排运动会,或者值日表等	为一次家庭旅行做筹备,从吃住行各个方面事无巨细进行考虑
担任鼓舞者	倾听别的同学的困扰	家庭会议,讨论每个人最近遇到的困扰,彼此共情鼓励

给老师的指导建议

写给老师的话

一个班级中,大部分时候学生之间的社交关系都是相对稳定的,学生也会默认一些各自的社会角色。而在这种稳固的社会关系中,就可能会隐藏一些校园欺凌的潜在土壤。解决校园欺凌问题,我们作为老师,也要主动帮助自己的班级创造社交角色与社交关系的转换时机,而最有可能帮助到欺凌受害者的,就是创造更多机会给学生展现自己的优势。

但是因为学生固有的性格特点,以往社交历史等因素是不容易改变的,即使我们要求学生展现才艺或者领导能力,也有可能出现强者愈强,弱者愈弱的"马太效应"。在这种情况下,我们可以借助戏剧与表演的力量,让学生把展现才艺和领导能力等个人高光时刻放到一个戏剧的场景中,这样可以帮助学生打破自己固有的定位,而这种个人高光时刻带来的心理积极体验仍然能够帮助学生增强战胜校园欺凌的信心。

今天可以做的事

筹备并开展一次以转换角色为特色的班级心理剧展演。可以参考以下的流程:

1. 宣布进行一次班级心理剧展演，帮助学生进行随机分组。

2. 为各个小组的学生提供统一的一到两个心理剧梗概脚本，包括参加声乐比赛、组织一次班级毕业旅行等，让学生各自以小组为单位对细节进行自由发挥。

3. 引导学生在心理剧的剧本细化以及表演过程中，表现如何克服困难。

4. 在各小组展演之后，观察各小组中哪些同学获得了克服困难的高光时刻，哪些同学还没有机会体验。

5. 对使用相同梗概的剧本的小组，将组员打散重新分配角色，再次进行全新的演绎，给全班同学创造机会体会高光时刻。

6. 引导学生进行讨论和总结，鼓励学生追求每个人各自的高光时刻。

给学校管理者的指导建议

写给校长的话

在学校层面创造更多心理的积极能量，这需要我们仔细考虑如何将反对校园欺凌的工作和正常的教学工作有机结合起来，形成一个常态机制。

在新课程体系下，学校可以利用综合实践课程的机会，广泛在校园内开展跨班级的基于小组合作的项目制探究学习，在这种自主的合作学习中，让更多学生体验到主动解决问题的快乐，以及在合作中建立更为积极的人际关系。

小组合作的项目制探究学习的主题，一部分可以和学科相结合，另一部分则可以突出和谐人际关系。

今天可以做的事

召集各学科教研小组，围绕基于小组合作的项目制探究学习进行研讨，可以考虑以下选题：

类别	选题
应用学科知识	（语文）访问一些困难家庭，给学校其他同学写倡议书，说明如何帮助这些家庭，并号召大家聚集力量
	（数学）使用测量工具，对校内外不同类型的垃圾数量进行追踪，计算各年级的垃圾量以及碳足迹
	（英语）为国外同龄人撰写一份中英文对照的学校简介或海报

续上表

类别	选题
跨学科探究	（语文数学）对小说中的情绪词进行统计，对不同人物的情绪状态进行绘图分析，对人物之间心理状态的变化进行分析
跨学科探究	（数学物理）测量雨滴的大小
	（语文数学物理）对校园中的紧急疏散通道进行绘图分析，并计算各班级疏散所需要的时间，撰写给各班学生的紧急疏散指导
社交与学科专题	（语文）选择语文推荐阅读书目中的情节，进行改变并以心理剧形式展演
	（数学）开展跨年级的校园欺凌相关主题的调研，并对数字进行统计分析
	（英语）访问校友或家长，围绕跨文化沟通及冲突主题讨论

创造属于集体的善意和解时刻

面对校园欺凌时，当我们的内心力量得到了增强，欺凌关系中的强弱之势得到了转化，在这种时候，需要防止因为复仇情绪而导致欺凌延续。解决欺凌问题，促使双方和解也是一个理想的结局，但双方的和解通常并不容易实现。这就需要我们创造一个比欺凌者和受害人双方更宏大的论述，在一个班级或学校集体中，如果能够创造属于集体的善意和解时刻，那么这也可能成为欺凌者和受害者被集体环境渲染而和解的机会。

案例访谈

访问者：首先我需要了解一些你的基本信息。性别男，年龄是25，对吗？
受访者：对，25。
访问者：好。你现在是在读书还是工作，大致情况可以跟我介绍一下吗？
受访者：我是2014年就出来了，2014年，在工作。
访问者：好的。首先第一个问题是，欺凌事件发生在哪一年，你几年级的时候？
受访者：是在读初中的时候。

访问者：初中三年吗？还是？

受访者：三年，因为那个学生学校老是想开除他，但一直开除不了，他家里有钱。

访问者：好的。你现在可以跟我讲一下整个欺凌事件的具体过程吗？

受访者：我初中刚上学，班主任把我跟他分到一起，我个子没他壮他觉得好欺负。本来我可以跟他一对一的，但他有兄弟，我就打不赢他。他喜欢欺负单个的人。

访问者：他是从初一，然后一直持续到初三，对吗？

受访者：也不是说长期，就是有时候他被别人欺负了，他就过来欺负你。

访问者：所以就是一个固定的人吗，就是那一个人？

受访者：他是我们学校里比较顽劣的那种（学生），可能是被自家父母宠惯了。经常也被自己家里人打。他家里有钱，但是教育不怎么样。就喜欢拉帮结派的。

访问者：他欺凌你这件事是怎么诱发的？他一开始为什么突然这样针对你？

受访者：他就仗着自己人多嘛，就随便欺负人。他们就是不想学习，就拉一些跟他们一样不想学习的人，就这样的。

访问者：好，我理解了。那他和你是什么关系？是同班同学还是？

受访者：同班同学。

访问者：同班同学。所以他欺负的都是你们一个班里的同学，还是？

受访者：还有其他班的。

访问者：各个班的？

受访者：是啊，他们就是想做老大那种，就跟那个"热血高校"一样。

访问者：好，你还能回忆起来他们欺负人的小团体里都是一些什么人吗？大概有多少人？

受访者：应该有十来个，都是那种不爱学习的。

访问者：来自各个班级的吗？

受访者：对。来自各个班级，然后又去欺负各个班级里面的某一些同学。他不是故意欺负你，但是他故意挑事。比如说把你的书放到别的抽屉里，让你找半天。你找到了，找他发脾气，他就再去跟人砍你，就这样子。

访问者：他对你做过哪些事呢？

受访者：他就故意有时候拿脚绊你一下，或者是让你帮他写作业、抄作业，或者是让你帮他扫地、买东西吃，还有其他什么的。他欺负你你还不能跟班主任说，我很多次都跟班主任说了，班主任也打过他很多次，但是他这个人比较顽劣，因为他家庭教育不怎么好，他是家里有钱但家庭教育不行，你知道吗，就是没有素质。

访问者：你跟班主任说了之后班主任会打他？

受访者：是啊，班主任也很气愤啊，因为他是班主任，他想把整个班的成绩带上去，但是因为他那个成绩太差了，抄都是抄得很低的分。

访问者：好，他每次欺负你的时候，是只有他一个人，还是会和他那些小团体里其他人一起？

受访者：他有时一个人。刚开始就是找到兄弟来威慑你，让你不敢还手，知道吧？

访问者：嗯，就是各种各样的手段，大概是一个什么频率，他欺凌你？

受访者：因为都是同班同学，所以抬头不见低头见。

访问者：每天？

受访者：每天倒说不上，人家也没闲，他自己也要拉帮结派，也要有其他时间的，不可能天天盯着你一个人的事。

访问者：但还是挺频繁的，是吧？

受访者：是啊。比如说期中考试或者是期末考试考完之后，没什么人的时候，也不是说他连续三年都欺负我，但我觉得他这个人很讨厌，心里很烦这种人，就真的是很烦、很烦这种苍蝇蟑螂一样的，印象太深了。我是被他打过一次之后，（他扇过我一巴掌）后面就是一些小打小闹，他故意绊我一下什么的。

访问者：好的。那就是他这种行为知道的人多吗？有什么人知道？还是说基本上全校都知道，老师也知道，同学也都知道？

受访者：是这样的，全校都知道。众所周知的这样一个人，他欺负别人，他们不爱学习、学不进去，没事干天天就打架。他的小团体核心就三四个。

访问者：他欺负你这个事儿，最终是怎么结束的呢？毕业了就结束了呢？还是中途有人干预进来？你有没有采取什么措施来处理这件事？

受访者：我一般就是不理，措施就是不理他。然后尽量跟班主任说，班主任也打过他，再后来的话，自己就是跟班主任说不要跟他坐同桌。

访问者：好。你有没有跟家里说过？

受访者：跟家里人也没什么好说的，因为家里人也解决不了问题。

访问者：有没有跟什么朋友说过，让他们给你帮忙什么的？

受访者：有。所以我交了几个朋友后他也不敢欺负我了。

访问者：所以这个其实是一个比较重要的原因。

受访者：对。主要是你去交几个成绩比较好的，或者是人家觉得你不错的就可以。

访问者：大概有多少人，就是这样，你交的那些朋友？

受访者：有些人看到我比较厚道，他们有成绩好的，也有成绩不好的，但是他们也是比较那种厚道的那种。

访问者：是你主动去和他们做朋友，还是他们来找你的？

受访者：都有吧，比如你打乒乓球也会有人来跟你打，有人打乒乓球你也可以跟他们打，跑步也可以跟他们一起跑，你有什么不懂的，也可以请教他们，让他们有一种做老师的感觉，他们也会是、就是做朋友。

访问者：所以也不是说你刻意为了不再受欺负而去和他们认识，而是挺自然而然的，但是就间接地使得最后他也不敢来欺负你了，这样子吗？

受访者：对，因为你上学总要交朋友，你不可能只是学习嘛是不是？

访问者：那你一开始被他欺负，是因为你那时候还没有交到朋友吗？

受访者：那是因为刚开学嘛，初一刚开学的时候。

访问者：好。我看到你之前那里还有说他会有钱财这方面、物品这方面对你的欺凌，是有的吗？

受访者：这个没有，他家里有的是钱。

访问者：好，然后会弄坏你的东西，对吗？

受访者：对，也就是一些书本，因为我家里也经济一般，他怎么敲诈你？

访问者：是那种恶意的、故意的，当着你的面把你的书什么的弄坏，还是？

受访者：不是不是，他是偷偷的，也不是说弄坏它，就是，还是想调皮一下知道吧。他就把你的书放到别的柜子里，让你找半天，然后他就在笑，他是这种的。

访问者：恶作剧。

受访者：对。

访问者：他有没有排挤你这类的，联合其他班里的同学排挤你？

受访者：排挤倒算不上吧，因为……

访问者：他在班里人缘也不好，还是？

受访者：是，他人缘也不好。

访问者：大家都讨厌他？

受访者：基本上都讨厌，但是现实上也都是敢怒不敢言的那种。

访问者：所以他在你们班里的话是只有你一个这种欺凌对象还是有挺多人的？

受访者：怎么说呢，也不是说欺凌，他就叫我们这些个子比较小的、比较瘦的去帮他买东西。这要是算欺凌的话，那可能也算吧。帮他买东西跑腿什么。

访问者：有几个人呢？他会这样子对待的？

受访者：有十来个吧，反正他能打赢的他都会这样，打不赢他就不会这样。

访问者：能打赢的有这么多吗？

受访者：因为我们班上有60多个人，66个人，我现在还记得。

访问者：好，那剩下的那几十个人就没有做些什么吗？还是说就看着他为非作歹？

受访者：可能也有一两个跟我一样吧，就跟班主任说。

访问者：会不会有什么班干部，然后或者比较热心肠的同学，在他每次干这些事的时候来制止一下什么的，有没有过？

受访者：没有，没有。现实是这样，哈哈！

访问者：好。那他会对你有言语上的那种欺负吗？就是用那种比较不好的话？

受访者：基本上都是这样的。初中生说话都是这样的，都喜欢带"妈的"，你懂的。

访问者：哦，我懂了。那是那种针对性比较强的、很明显恶意的？还是说只是他说话习惯就是这种带着脏字？还是说会很指向性地用那种话来骂你，或者其他人？

受访者：不会，不会不会。

访问者：就是他的语言习惯，是吧？

受访者：对。其实我现在倒是觉得他这个人挺可怜的。

访问者：为什么？

受访者：因为他出来很难混下去。很容易树敌、很容易会被人报复。

访问者：他也结了挺多仇的，是吗？

受访者：那肯定的。恶作剧那种。他就闲着没事干，因为他根本就不学习的。

访问者：好。所以你可能就有点记不清那个时间，是吗，他欺负你有多久？

受访者：也就是平常的一些事，就是他经常会叫我。因为那时候我没有零花钱，我就帮别人带东西赚点小费什么的。他就叫我去买，但是他又不给我小费。

访问者：好。你是在什么时候交到你那些朋友的，后来的朋友？

受访者：是在初一下半年吧。因为上半年、上学期大家都还在磨合，还不太熟。

访问者：那初一下半年之后他就比较少欺负你了，还是会？

受访者：偶尔。有时候在操场上绊我一下啥的，或我发言时就故意取笑我一下。

访问者：就比较少，然后也没有特别强烈的那种欺凌？

受访者：没有没有，这个，没有没有。

访问者：你觉得你当时受到了什么伤害？就是心理上也可以，身体上的也可以。

受访者：心理上我就感觉很烦，很浮躁的那种，想要是能打赢他就好。

访问者：可以理解。所以其实主要是一种反抗的心理，也没有说特别难过或者抑郁之类的，是吗？

受访者：我感觉遇到什么问题的话，尽量先去找解决的办法，抑郁抱怨那些也有，但是后来时间越拉越久你感觉没什么用，还是自己找解决办法，找到一些可以做的事情，就是喜欢的人或者是志同道合的人在一起，这样好一些。

访问者：好，所以对你来说你的心理状态主要是特别想能够反抗他，但是当时在他欺凌你的过程中又有点心有余而力不足，所以比较烦躁的状态。

受访者：对，就是那种。因为我觉得我脾气还是挺好的，但是就是他让我变得很烦躁、很喜欢抱怨。我家里经济条件一般，想通过读书来改变命运，但是找不到方法。老师教得也比较快，学不进去。就比较烦躁。

访问者：就这些各种事儿，混在一起让你都挺烦恼的。

受访者：是啊，成长的烦恼。

访问者：好，你会向谁抱怨你这些烦恼？还是说你就自己在心里那样憋着，自己一个人承受？

受访者：也没有，反正我尽量就去玩。

访问者：噢，发泄，就是用别的行为。

受访者：因为那时候初中也有的玩。你要是个子不高，打不了篮球，你可以去跑步或者是踢足球，还有可以玩三国杀。

访问者：好。他那几次对你的肢体上的欺凌，比较严重吗？给你留下什么伤害还是你觉得还好？

受访者：我说过了最严重那次他扇了我一巴掌，那次我记得很久，印象比较深刻。

访问者：因为很痛吗，还是，很耻辱之类的？

受访者：就是很懵嘛，因为我上学第一次被人扇了一巴掌，你知道吧。

访问者：他为什么会扇你呢？是发生了什么矛盾，还是就突如其来？

受访者：其实真的没什么矛盾，就是因为他把我书放到别的同学那里，我找了半天，然后我回来找他理论，他不跟你理论，你越吵他越烦。他就找他那个可能是他在小学就玩得好的，他一个人他不敢打我，找同学在旁边，他过来扇了我一巴掌这样子。

访问者：好。除了这一巴掌之外，有没有其他的比较让你印象比较深刻的，对你的肢体的伤害？

受访者：没有了。就是那一巴掌，影响太久了，阴影太久了。

访问者：好。那有一个问题我想问你，他每次在欺负你或者欺负完其他同学之后，有什么反应？或者说他是获得了什么好处？还是就是他出于什么动机会去做这么多坏事？

应对校园欺凌的"孙子兵法"

受访者：一是可能他家里教育不好，他就喜欢恶作剧，就喜欢抓别人的把柄，然后取笑你。

访问者：对他来说是一种取乐的行为，途径，就是他每次……

受访者：因为他没事做。他自己家里有钱，他要么就是叫你帮他跑腿给他买东西吃；要么就是故意，比如你坐下去，他把你凳子抽掉，让你坐在地上。这样故意来取笑你。他闲得没事干。

访问者：好，我大概知道了。你当时在遭到他的欺凌之后是什么样的内心感受？

受访者：我当时很懵，后面没想。唯一的途径就是我打不赢就跟班主任说。

访问者：你觉得欺凌这个事儿，有没有对你自己后续有什么影响？

受访者：影响我觉得，也没……就是，那时候因素太多了，什么事都有。

访问者：你也分不清，就也看不清这件事，到底对你有没有什么影响，但是你也不能确定它对你后续的生活没有影响，这样子吗？

受访者：影响的话，我如果现在出来交朋友的话，就比较警惕。然后，我现在性格也比变得比较烦躁，没有以前那种淡定感觉。现在就是很怕跟别人交往。然后就是一种活不出的感觉，你知道吧？

访问者：有点能理解。

受访者：就感觉什么都是假的，一直怀疑、怀疑、怀疑，就是那种。

访问者：你觉得这个应该是和你在初中经历的那些有一定的关系的？

受访者：对。其实我感觉还是要多读书，因为有句话怎么说？夏虫不可语冰。因为我现在我感觉见识太少了，所以跟优秀的人谈不了话，跟不优秀的人就不想谈了。

访问者：好，我了解了。那就是在这件事发生以后这么多年，你回想它的过程中，心情有没有发生什么转变？你对它的态度什么的，这件事儿？

受访者：我现在就觉得还是不能抱怨，你抱怨真的没用，这个世界真的不欠你的。

访问者：你是从什么时候开始有这个想法的？

受访者：最近学习嘛。我是初中毕业，虽然那时候也读过高中，考了一个二流的高中，但那时候数学太差了，又因为我是寄养在我叔叔家里，我叔叔让我上学是因为我有低保，我想着低保就一两万块钱，可能我上大学还没上到，高中还没上完，可能就钱就不够了，所以我那时候压力比较大，就没读了出来了。出来了之后，我感觉做什么事都自信。偶尔会有那种自信，但是常常都是一种怀疑，做不到全心投入。

访问者：好。你现在回想那个人、就是他欺负你的那个人，你会是什么感受？

受访者：现在也基本上没感觉了，因为人也会自愈的，他自己背负的（东西）。

访问者：你是什么时候完成自己的愈合的？记不太清，还是说一直都在，然后慢慢就好了？

受访者：影响也比较大的。因为那时候有个喜欢的姑娘，初中的时候就喜欢，那时候也追不到。原因太多了，当然自己也长得一般，就比较烦躁。可能就是这些因素导致了自己比较自卑，现在跟人家交往，人家说你很强硬，好像很自负，其实很自卑。现在，我的解决办法就是多学一些心理学，多了解一下自己是怎么想的，尽量少一些那种多余的担忧。

访问者：你现在会不会希望对当时遭受欺负的自己想说点什么？就是如果想象一下的话，你会不会想对他说什么？

受访者：其实也没什么。那时候就觉得自己老惨了。我感觉我挺善良的，挺好的一个人，怎么遇到这么（个情况），烦死了，什么坏事都能碰到。

访问者：好。你会不会希望对欺负你的那个人说什么？

受访者：其实他，他也不算什么，他只不过是我悲惨历史中的一环而已。

我感觉，我能接受你采访，是因为我的目的是想让以后的那些霸凌少些。因为我也看过很多电视新闻，也有关注这些，也看过那些学校霸凌的事情。我的目的就是想帮助这些人，就是怎么去找解决办法。我感觉要么就找老师，第一时间找老师；还有回家找父母，跟他们多沟通。如果真的解决不了，反正就是尽量避开他们，自己去找朋友，然后多学习。再有霸凌的话，你也多交几个朋友，给他们颜色看，是不是？让他们知道你是不好欺负的，欺负你要付出代价，比欺负别人的代价要高。

还有一点，好好学习，真的！一定学习学习学习，因为只有好好学，我感觉这可能就是人生唯一的机会。学习知识，视野开阔些，就是树立一个好的理想，以后远离那些让你烦躁的地方、你一眼看到头的地方，尽量去远离这些地方；然后去到一些地方，去到比如说一线城市什么的，努力学习，然后考一个好一点的大学，学习，然后交一些好的朋友。我感觉就是比较理想的那种人生。尽量不要去抱怨，尽量去找解决的办法。

访问者：这些是当时的欺凌使你产生的一个思考，对吧？

受访者：对。

访问者：好，那就挺感谢你这些建议的，然后也感觉这是你从自身经历出发，特别真诚的一个建议。你还有没有什么问题或者是想说的？

受访者：想说的话就是，如果被欺负了也不要去抱怨这个世界，好人还是有的。对，这是我想说的，这个世界好人还是有的。不要放弃这份希望，尽量做自己吧反正。

访问者：好，那就非常感谢你愿意接受这次访谈，支持我们的工作。

受访者：我也替他们、替那些正在上学的小朋友谢谢你们，你们是为社会做贡献。

访问者：好，谢谢你。

受访者：真的是，社会需要你们这种力量，真的，中国需要你们。

访问者：好，谢谢你。我就不多打扰你了，因为已经差不多一个小时了。

受访者：好的，谢谢你来陪我聊。

访问者：没关系，应该做的。好，那就这样，再见。

给学生个人的指导建议

写给学生的话

战胜校园欺凌，我们需要更多的朋友。建立友谊和联盟不仅会让我们更强大，而且也会让我们更快乐。很多学生会以为只要找到人一起玩耍，这就是朋友。但是，其实友谊并不仅仅是在一起玩，真正能够帮助到你的，是那些共同为一些目标而努力的朋友，比如运动队的队友，或者有着共同爱好一起朝着同一个目标努力的朋友。

我们可以在班级中或者班级外尝试建立友谊，然后和朋友选定一个共同努力的目标，以书友会或运动队的方式来建立友谊，这样会比较容易发展出盟友关系。

今天可以做的事

梳理一下自己喜欢的运动，或者自己喜欢的书籍，然后撰写一封信，在学校招募喜欢这种运动或这本书籍的朋友，说明建立运动队或书友会的目标以及后续的活动安排。这种有目标有具体安排的聚会，可以更有效地帮助你建立友谊和联盟。

你可以使用以下提纲来指导自己。

运动队	书友会
我喜欢什么运动	我喜欢哪些书籍
我在这个运动中最喜欢的运动员	我在这些书籍中最喜欢的角色
组织运动队可以找哪些成年人帮忙（家长、老师等）	组织书友会可以找哪些成年人帮忙（家长、老师等）

续上表

运动队	书友会
运动队何时何地聚会	书友会何时何地聚会
写一封信,邀请队友参加活动	写一封信,邀请书友参加活动
请父母帮助你扩散这封信	请父母帮助你扩散这封信

给家长的指导建议

写给家长的话

创造和谐的沟通时刻,是你了解孩子心声的最好方法。如果一个家庭还没有定时安排每周至少一次亲子沟通或家庭会议,那么请你借助这个机会,认真思考这件事,并和家庭中所有成员进行商量。

今天可以做的事

与家庭所有成员商量,在每周的哪个时间、在哪个地点,安排全家人的聊天放松或者家庭会议。

可以选择结合一些休闲活动,比如看一场电影,或者去一个公园等。但是一定要在电影前后以及公园游玩过程中,安排专门的时间让全家坐下来进行沟通。

给老师的指导建议

写给老师的话

对于一个班级而言,日常教学生活会使得每一天对于孩子们来说都很相似。在这种情况下,开展任何校园欺凌专题教育都有可能是入耳不入心,效果大打折扣。

对于老师而言,我们可以争取以更巧妙的方式,把反对校园欺凌的教育放在一些更容易对学生产生震撼的时机。比如,如果有机会邀请校外的客人来到教室进行分享,这本身就是一个和日常不一样的时刻,那么不妨考虑选择邀请一位校园欺凌的亲历者来谈这个主题。再比如,如果有带着学生外出的机会,也可以考虑为这次外出做好准备,借助外出的机会向学生强调和谐友爱关系的重要性。

今天可以做的事

梳理本学期的教学安排，寻找不同于日常的教学机会。

时间	与日常教学不同之处	结合反校园欺凌的教学机会
X月X日	邀请校外专家讲课	邀请一位谈校园欺凌专题的专家
X月X日	学生春游	预先安排分小组，在组内进行友爱互助的教育
X月X日	某位受伤或生病的学生返回学校	引导学生表达善意，制定帮助这位同学的具体分工方案
……	……	……

给学校管理者的指导建议

写给校长的话

在一个学校层面更大的集体中，创造和谐关系重要性更高，但是困难度也更高了。在学校中创造和解机会，需要考虑一定程度上打破班级界限。当一个学校不断出现校园欺凌现象时，这说明班级中已经形成了一些隐蔽而稳固的欺凌关系，这时候，我们就需要创造时机，给各个班级之间增加更多交流，让不同班级的学生给原有的社会关系带来积极的正能量，以正气促和解。

今天可以做的事

与教职工进行讨论，考虑以下这些可能的反校园欺凌专项措施：

1. 建立轮值制的反对校园欺凌学生委员会，进行校园欺凌的调查和调解。
2. 建立跨班级的同辈关怀制度，招募志愿者，倾听其他班级同学的困扰。
3. 建立跨年级调解制度，在高年级学生中招募志愿者进行调解和倾听的培训，然后为低年级学生提供校园欺凌问题的申诉和支持。
4. 建立跨年级的反校园欺凌宣传团队，在校内建立反校园欺凌墙报、宣传栏等。
5. 建立家委会专项学习制度，引导家委会接受反校园欺凌的专项培训，并借助家委会的力量来引导家长更多参与到反校园欺凌的志愿工作中。